有生之年，只想好好談場戀愛

孤島 Joe——著

各界真情推薦

幾年前，因為和一群喜好文字和歌詞的朋友們製作了一個podcast節目，因而認識孤島，他幫我們的節目創作了許多可愛的角色和插畫。從他的畫作，我可以感受到他的心中一定充滿了許多故事，並且期望和這個世界分享，得知他要出版自己的作品時，真的非常替他開心！

我們同樣從事和音樂有關的工作，也一樣喜歡畫畫（一個叫孤島，一個住在夢不落島）。

每一次閱讀孤島的畫作和文案時，除了共鳴以外，總是能得到一些鼓勵和力量，對於現實的世界，希望能保有自己的一點點堅持，在邁向目標的路上，會讓我覺得自己並不孤單，然後厚臉皮地說出：

「果然！還是有很多志同道合的夥伴啊！」

最後再次恭喜孤島要發行新作品啦！期待你用畫作和文字說出更多動人故事。

——潘裕文・歌手

孤島的創作，儼然是一幀幀「浮世繪」。單一的線條是宿命，使得他筆下的故事皆無轉圜的餘地，愛別離苦，沒有一樣可以逃得掉；但他的色彩卻是多樣的，就像那些故事裡的主角，他們的選擇探向了浮世的情暖與光亮。

在越來越孤獨的時代，一座島，也許已是最熱鬧紛繁。

——黃子揚・作家

我們在一次次的選擇中，親手書寫著孤島那些鮮爲人知的歷史。在時間的終點，這座孤島或經歷了天翻地覆的改變，亦或者一成不變。

有生之年，皆隨天意，皆隨心意。

我們最後仍是孤島，但這次，我聽到另一座孤島對我的呼喚。

——3am.talk・作家

悠遊在孤島的圖文中，就像展開一場奇幻的跳島之旅，一邊探索著未知的興奮，一邊共鳴著熟悉的情感。

每個世界上第二寂寞的人，都該承認其實你不寂寞，尤其當你發現在孤島創作的風景中，你不是唯一的孤島。

——陳信延・作詞人

在成爲大人之後才明白，大人也需要被安慰。積累一整天的情緒，看著孤島寫下的故事及一幅幅情緒飽滿的插圖，會不由地帶入自己，然後，被療癒，被修復。也希望帶著島主給的力量，自己走著走著……就幸福了！

——菲菲隨手寫・創作人

就像在你我身邊發生過的平凡而又細膩的故事，情境時而甜蜜時而酸楚，彷彿體驗了各種樣態的豐富情感……充滿生活感的文字，熟悉又迷人。也許我們都曾有過類似的故事，但一直塵封心底，沒有拿出來拍拍灰塵、清整思緒，書中的字字句句，讓我更有勇氣好好面對每一場失去與獲得。

——小桃の療癒塗鴉牆・插畫家

不是所有心情都能用文字詮釋，卻有很多情緒能從文字裡得到安慰，通常能讀懂這些文字的人，往往有著類似的故事。

故事也許都不長，也不難講，就像愛一直都在，缺的是能否把愛當回事的人。睡前飲下眼前這杯酒，讀著孤島的故事，生活離溫暖更近了一些，謝謝他有故事。

——カロ木木・作家

孤島讓我有共感的，是他文字裡頭的情深一片，寫著人間的交集與分離時，深邃而溫暖。就如自己寫作時浮現的感動，不光是對愛的深信不移，也是成長痛之中，匍匐前行的強大力量。

讀著這本書時，深刻地感受到主角的願盼，述說著你我真實擁有過的心願。此島並不孤獨，因每段心事、執拗，我們都相知相惜。

——些云・作家、影片創作者

Island 1
單飛不解釋島

Island 2
好人入境免簽證島

CONTENTS

Island 3
淚水製造機島

Island 4
後來我們不敢說後來島

自序
故事未完請繼續

「有生之年好想去北極。」

「有生之年好想看一次U2的演唱會。」

「有生之年好想參加鐵人三項。」

「有生之年好想談一場戀愛。」

這一生並不長，我們卻邊活著邊發掘更多的夢想。

不管你再怎麼正能量，有些願望光是說出口，就已經覺得不可思議，更別說看見被實現的一天。

然後我們就慣性的用新願望來埋葬尙未實現的舊願望。

聽起來很可悲，但其實很勵志，因爲只要你忙下去，終會有成就，哪怕只是夢想的10%。

有生之年想去北極的，也許最後只是因爲公事，去了一趟北海道，在札幌的小樽運河打卡。

想看U2演唱會的，也許最後只能在電腦屏幕前，揮著螢光棒，觀賞U2的線上告別演唱會。

想參加鐵人三項的，也許最後只參加了孩子學校家庭日的三公里慢跑。

想談一場戀愛的，也許最後只談了半場戀愛，下半場和喜歡的人成爲一輩子的好朋友。

但是，快樂藏在遺憾裡，

一個人吃完一隻帝王蟹的滿足，

和世界各地粉絲在螢幕前大合唱〈Beautiful day〉的感動，

和孩子一起衝過終點線的驕傲，

這一切，都和最初的願望一樣珍貴。

「有生之年好想出一本書。」

您好，我是孤島Joe，您的睡前故事作家。

在網路上分享了五年的原創睡前故事和插畫，已經累積兩千多個不同類型的作品。最大的成就是不知道從何時開始，大家都叫我「島主」，雖然我並沒有任何島。而我也很喜歡暱稱粉絲為島民。
出書是我許了很久很久的願望，當你看到這段文字的時候，證明我的願望已經實現了，非常感恩。當然過程中付出很多時間和精力，但我還是覺得我是幸運的，努力被看見的幸運，終於得到出書的機會。
我相信每個人都在努力，力度不分大小，只要是做自己喜歡的事，一天加多一點點的堅持，我相信宇宙不會忍心辜負你，我就是一個例子。
由於這是我的第一本書，所以請容許我特別介紹為你準備的四座孤島，每一座島代表不同的單元，每個單元都有不同主題的故事，每個故事都配上專屬的插畫，而最重要的是，「**#故事未完請繼續**」，讀完插畫後的文字，那才是故事的完結。

Island 1：單飛不解釋島

因為〈二十份情人節禮物〉這個禮物，讓我有機會出書，所以把這個故事放在第一個，你收過多少份情人節禮物呢？不重要。情人節，單身也必須快樂。〈代我見網友〉是我特別想推薦給從來沒看過孤島睡前故事的讀者，關於親情和愛情的付出方式，其實根本沒有對錯，所以不需要為得失而難過。也因為這個故事，島主收到了島民的私訊，說原本已經決定餘生的情人節都自己一個人過，現在對愛情重燃希望，會繼續努力，尋找愛情，或者，被愛情尋找。

加油，我們。

Island 2：好人入境免簽證島

必須說說〈浦叔的泡麵〉，這個暖心的睡前故事讓島主得到最高的流量，近十萬個讚，超過六千則分享。粉絲的留言其實也一樣感動了我，「好暖好暖，看了心情超好。」「美好的善的循環。」「這不是故事，這是發生在任何一個角落的好事。」

說眞的，能用兩千字打動那麼多人的心並不容易，但這個故事做到了。更神奇的是，它被某慈善機構看中，並找我配合義賣活動，幫助了很多社會上需要被關注的人，這是享受創作之餘，萬萬沒想到能做的好事。

證明這個冷冰冰的城市，還有熱騰騰的泡麵，暖洋洋的人心，所以，我們都可以是浦叔。

Island 3：淚水製造機島

小劇透，這個單元有很多和遺憾有關的故事，我會推薦〈傷心廚神〉，它是關於放下過去的心理障礙。我寫過很多悲傷的故事，這篇難得是個 happy ending，但我相信，好結局和壞結局都是養分，吸收了才能成就更好的我們，讓我們更好的去面對人生的悲歡離合。

故事裡有一個意見箱，那這本書也該有個意見箱，讓你來告訴我，島主的「菜」（故事），值幾分。

Island 4：後來我們不敢說後來島

〈單身魔王〉是這座島的主菜，裡頭有愛神丘老闆，島民都愛這個角色，他掌管人間的大小愛情事務，這一次，他遇上一個麻煩人物，幸福的絕緣體。

「男主角值得這樣的結局。」「看哭了！」「強烈要求丘老闆的大長篇！」我相信你肯定會喜歡，但記得要看到最後。

對了，這本書所有的插畫都是爲了故事量身打造，如果你留意到一些小細節，便會發現島主把很多心情都畫進去了，每座島上的人物或怪物，都有自己的心事和固執，有些五顏六色，有些黑白線條，全都是島主的風格，請好好欣賞，慢慢喜歡。

故事也好，插畫也好，眞的希望，打開這本書的你，會把每一座島都當成寶藏島，有人找到笑聲，有人找到眼淚，有人找到領悟，有人找到釋懷，有人找到勇氣，有人找到自己。

就像島主我，找到了你，謝謝你參與我的願望成眞，作爲回報，我會創作更多作品，來陪伴你的餘生。

我們，故事未完，請繼續。

前言
阿寶姐的小幸運

故事開始前，
想跟大家說這是島主第一篇創作發表的作品，
特別想收錄在書中，
與你分享。

七點半，辦公室剩下我和另外一個女同事阿寶姐，私底下大家都叫她Auntie，還沒五十歲，但最大的孩子已經讀高中了。她就是一個典型的Auntie，一樣關注哪間超市的柴米油鹽比較便宜，和同事們抱怨孩子的叛逆，常常隔著電話對老公破口大罵。平時除了公事，我和她幾乎沒什麼私交。

我正在處理年度報告，有點壓力，於是打開手機的聽歌app，聲量開很小，只想讓安靜的辦公室有點聲音，讓自己輕鬆一下。

「這首歌我知道！」阿寶姐隔著幾張桌子突然喊道。

「是S.H.E的〈小幸運〉！」聲音略帶興奮，像參加電台猜歌遊戲中獎一樣。

「是啊，妳知道這首歌？」當然，我沒告訴她其實不是S.H.E，是Hebe，還有……我聽的是某網路歌手翻唱的版本。

「知道啊，我有帶我女兒去看這部電影，『少女時代』啦，我女兒說不好看，我就覺得很好看，最後還有劉德華……」

我把音樂音量調更小，聽她繼續說，反正手頭工作都差不多完成了，聽阿寶姐八卦一下無所謂。

「我老公和孩子沒發現我在電影院哭呢，哈哈……」

「是嗎？哪一幕呢？」我不記得這部電影有好哭的地方。

阿寶姐停頓了三秒，然後說：

「少年時的男主角想見女主角，女主角被父母關門禁，電話也不能接，然後男主角就在屋外對著女主角的房間窗口拋石頭，女主角開窗……」

我心想，這一幕好像沒有哭點。

「我讀中學時，有個比我大三歲的男生追求我……」

喔，故事來了。

「剛開始我不喜歡他，但他對我很好，他的手藝好，我的美術作業都是他幫我做，記得他曾用一塊肥皀雕刻出一隻魚，我還拿全校最高分呢！

「但我爸媽很不喜歡他，因爲……他有一點輕度自閉，也是個孤兒，和他叔叔相依爲命……

「村裡要是有其他男生對我稍微好一點，他就會去找人家比賽雕刻肥皀，哈哈，把我當什麼？美術比賽獎品啊？」

我也笑了，但總比偶像劇裡動不動就打架眞實多了。

「後來他輟學了，和叔叔一起工作，晚上下班後就來找我，我爸媽準時九點關上木門（鄉下地方嘛），我房間在樓上，他到了又不想讓我爸媽發現，就在樓下輕輕喊我的名字……

「我聽不見，他就撿起小石頭，丟我的百葉窗，我只要一聽到 **tiak tiak tiak** 聲，就打開窗和他聊天，偶爾也會躡手躡腳下樓開門……很像電影裡那樣。

「日子久了，我門外的小石頭都被他拋完了，哈哈，所以，那時候我每次出門，看見有適合的小石頭都會帶回家，放在我家門口的花盆，方便他找我。

「幸好我住一樓而已，如果我搬去住很高很高的地方，你怎樣拋？」年輕的阿寶姐曾經這樣問那男孩。

「我很有力氣的，妳看，我可以拋很遠……」

男孩說完就從花盆拿起一顆石頭，往遠遠的方向丟去……

「很傻是嗎？哈哈，他就是傻傻的。」阿寶姐問我。

我一點都不覺得傻，還覺得很甜很浪漫，但也有點悲傷，不懂爲什麼，預感就是悲傷的故事。

「最後怎樣？」我問。

「十六歲時，他叔叔帶他去日本跳飛機（當非法勞工）了。」

「啊……去多久？」我開口問後立刻後悔，肯定不是一兩年啊。

阿寶姐微笑回答：「到現在不曾見過他了。

「他離開的那天，什麼也沒說，我也什麼都說不出口，最後，好像是我從花盆撿起一顆石頭，放在他手上，他傻傻的點頭，然後轉身走了。

「那一轉身就是幾十年了，第一個月時，是有接過一通電話，他說他人在大阪，記得我還笑他說：在大阪當大（老）闆啊？

「過後，音訊全無，有人說他被抓了，有人說他去英國了，有人說他結婚了，也有人說他死了……

「我家花盆的石頭，一年比一年多，搬家的時候，我是想要帶走，還和爸媽吵起來呢，哈哈，最後還是沒有帶走全部，只收藏了幾顆……」

我腦補了很多畫面，

年輕的阿寶姐蹲在花盆，撥弄小石頭……

晚上聽見窗外有聲音，爬起來看，誰也沒有……

甚至最後，阿寶姐狠心的把所有石頭倒進河裡，流淚轉身……

屬於阿寶姐的小幸運、小愛情就這樣，結束了。

當然會遺憾，但也像小石頭沉在河底，誰會知道呢？

後來我就把這個故事（修改細節後）放上網路，記得當時先是放在個人臉書，於是朋友們鼓勵我開個粉專寫故事。

其實，當時我已經有個粉專用來挑戰自己畫一千座孤島的插畫，所以，我就把故事跟插畫結合起來，也就是現在的「孤島Joe」。

#故事未完請繼續

鈴鈴鈴……阿寶姐的手機鈴聲打斷我的思緒。

「Hello，我關電腦了，等一下也不可以啊？」是她先生準備接她下班了，阿寶姐一如既往的霸氣回答。

「Bye，我走囉！」她正推開門準備出去。

「妳現在住幾樓？」我記得她住公寓。

「三樓，怎麼啦？」

「用力一點的話，石頭還是可以拋到妳家窗口喔……」我開玩笑說。

「哈哈哈，對吼，最好丟中我那喜歡開窗偷抽菸的老公，嘿嘿……然後看他們爲我打架！」

「不是比賽肥皀雕刻嗎？哈哈！」

短短五分鐘的聊天，在笑聲中結束，我不只重新認識同事，也重新認識了青春和愛情。

島主真心話：

原來，不管是誰，每個人都有過自己的幸運，自己的時代。

原來，最深刻的感情，就是像不曾開始，也像不曾結束。

原來，思念一個人，天涯海角都不過是拋石頭的距離。

Island 1

單飛
不解釋島

入島須知：

請準備好咖啡、餅乾，以及回憶，

島內空氣潮濕，傍晚都在下雨，

如果你曾有個為你撐傘的人，

請暫時放下他的一切，

再踏上這座單飛、單身、孤單都不必解釋島。

二十份情人節禮物

她二十歲就開始對愛情充滿憧憬，於是，每個情人節，她都準備一份禮物，送給未來的情人。

第一年，她買了一個拼圖，

第二年，她畫了一張卡片，

第三年，她織了一件毛衣，

第四年，她買了一瓶香水，

第五年，第六年，一直到十四年，她還是單身。

每一份包得美美的禮物，她都好好收藏起來。

說沒想過放棄是假的，但最後，她還是選擇相信愛情。

就在她四十歲的時候，認識了一個男生，她很喜歡這個男生，兩人相處得很開心，男生也在平安夜告白了。

然後，她很期待情人節，因爲，她有二十份禮物，要送給這個男朋友。

因爲禮物太多，於是，她先偷偷去男朋友的家，把禮物全都擺在客廳，打算給下班回來的男友一個大驚喜。

嗯，事與願違，就像你看過的某部電影一樣，不愉快的事情還是發生了，男朋友是回來了，但比較「驚喜」的是她自己，因爲男朋友帶了另外一個女生回來。

情人節分手已經很衰，她還要抱著二十個大大小小的禮物走在街上才可憐。

就在等待斑馬線綠燈時，她突然哭了。

擦眼淚，很狼狽，因爲好幾份禮物掉在地上，陌生男子好心幫她撿起來。

「小姐，我可以幫妳拿。」

「不必了，謝謝。」

但話一說完，又不小心鬆手掉了好幾份禮物。

「沒關係，我幫妳，對了，我叫 Brandon，妳呢？」

這天，他們相遇了，兩人成爲很好的朋友。

但她不敢太快走進這段新感情，她怕了，她知道自己不年輕，失戀的痛，她沒什麼餘裕能處理。

一年後的情人節，Brandon 約她晚餐，在一家很浪漫的義大利餐館。

「我想我們應該在一起，妳覺得呢？」

「我……不知道……」

「好，我知道去年情人節妳受了傷，我給妳時間，我們繼續當朋友，好嗎？直到妳對我有信心，再答應和我交往。」

「謝謝你……」

「無論如何，我還是要送妳一份情人節禮物。」是一條項鏈。

「我也有禮物送你，如果你不介意它有點舊……」她拿出一份禮物，包裝有點泛黃。

「是拼圖呢！哇，還是我中學時超喜歡的灌籃高手呢！」

這晚過後，他們感情越來越好，沒多久就在一起了。

之後的每一個情人節，他們都一起過。

「謝謝你的外套，我也有禮物送你，如果你不介意它有點舊……」

她拿出一張卡片，是她親手製作的卡片，卡片裡還有一張她二十二歲的自拍照。

「哇，我好喜歡！二十二歲的妳好可愛呢。」

這男人真的很愛她。

她把過去每年準備的情人節禮物，一年只送他一個舊禮物，而不是當時想好的，一次獻上全部。

細水長流，才是幸福的眞諦。

#故事未完請繼續

「這位女士，有什麼可以幫到您嗎？」

「我想買這個，可以在上面刻名字嗎？」她戴上老花眼鏡指著一支名牌手錶。

「可以呀，什麼名字呢？」

「Brandon。」

「沒問題。」

「可以幫我包起來嗎？我要那個粉紅色的禮物紙。」

「可以啊，是送給先生的生日禮物嗎？」

「不是生日禮物。」

「喔……」店員不再問下去。

這店員永遠不會猜到，眼前這個六十一歲的女人，今年才是眞正第一次買情人節禮物給她的先生，沒錯，是新的禮物。

島主真心話：

送給對的人，就是禮物；送給錯的人，就是垃圾。

記住，你是寶貝，不是垃圾。

代我見網友

「妹，代我去見這位網友。」

「我不要！」

「再幫姐姐一次，好嗎？」

「妳若不想見面，就別約他們出來，幾次了，都是我代替妳，假裝是妳，去見妳的網友，尷尬死了。」

「呵呵，需要假裝嗎？人家都分辨不出我們誰是誰呢。」

她和她是雙胞胎姐妹。

「姐，我知道妳一天到晚都在家非常的悶，妳當然可以認識網友，但妳真的要見他們，妳可以去啊，我會陪妳去。」

「帶著這個東西（指著她坐著的輪椅）去嗎？」

姐姐十歲開始就無法像正常人一樣走路，妹妹就從那時候開始照顧她。

妹妹很疼愛姐姐，雖然這個姐姐有點任性。

每次姐姐用雙腳行走不便來威脅她，她就沒辦法拒絕姐姐的任何要求了。

「妳本人比照片好看。」

這個男網友的第一句對白不算新鮮，她聽了好幾次，用禮貌的微笑回答。

「妳上次在線上說妳喜歡看海賊王，我也是呢。」

「是嗎？很好啊……」

（可惡的姐姐，妳都不看漫畫的，幹嘛把我的事情告訴別人啊？）

「今晚有空嗎？我們去看電影，妳喜歡科幻片對吧？『阿凡達2』看了嗎？」

沒錯，她非常喜歡科幻片，也很想看「阿凡達2」。

「不了，我有事，先走了，再見。」

就這樣，轉身丟下這個條件還眞的不錯的男網友。

「怎麼那麼早回來啊！不去喝酒看電影唱歌嗎？」

「林欣寧，我警告妳，沒有下一次了，還有，妳怎麼連我的興趣都告訴妳的網友啊！」

她邊罵邊扶著姐姐刷牙洗臉。

「林欣芸，怎樣？剛才那個男生還不錯嗎？」

「是還不錯啦，妳喜歡的類型？」

她邊說邊幫姐姐換上睡衣。

「妳不喜歡嗎？」

「還好而已，晚安。」

她睡了，迷迷糊糊看見姐姐還在玩手機。

「林欣寧，夠了，我不會再幫妳了！」

這天，她下班回來很累，姐姐又要她去見網友了。

「這位好像不錯，幫我去看他本人怎樣，好不好？」

「我不要！」

邊罵邊從背包拿出兩人的晚餐便當。

「那我也不吃了，沒胃口。」

「妳……妳……」

她氣得快哭了，把晚餐放在姐姐面前，直接出門。

「記得是約在孤島Café喔，我把他的照片和資料發給妳……」姐姐在後面喊著。

姐姐望著她的背影，開心的笑了，然後打開便當，一口一口的吃。

半個小時後……

「妹，怎麼那麼快回……啊！」

妹妹回來了，帶著一個男生，那男生就是她的網友。

「這個才是妳的網友，林欣寧小姐，我是她妹妹。」妹妹幫兩人介紹彼此。

姐姐呆了，趕緊用被單遮住雙腳，然後推轉輪椅。

「姐，不要逃避，是眞心的朋友就會接受妳的一切，也許他不介意，會繼續和妳做朋友呢？你說是吧？」邊說邊望向那個男網友……人呢？

王八，竟然跑了！

「姐，不是每個人都像他這樣的……姐……」

姐姐一言不發，也不看她一眼，眼睛都紅了。

那次之後，姐姐再也沒有要求她去見她的網友。

但不幸的事情再度發生在姐姐身上，她得了奇怪的病，醫生說病情只會惡化，也不會活超過三年。

「姐姐，不要放棄，我們再去找別的專科醫生。」

姐姐苦笑，什麼都沒說。

接下來的日子，姐姐一天比一天消瘦，一天比一天傷心。

「姐，妳吃飯好嗎？」

姐姐搖頭。

「妳吃，頂多，我代妳去見網友！」

姐姐笑了，然後拿出一張名單，全都不知道她從哪裡認識的網友。

「好、好，我都代替妳去見，妳給我好好吃飯。」

一天見一個，週末還見三個。

她都是心不在焉的和那些網友共處。

「妳不是林欣寧。」

這天，這個長得很斯文的男子，第一句就拆穿了。

「我是啊……」

「妳是林欣芸，hello，我們是小學同學啦！」

天，原來，超尷尬。

多年不見的兩人聊了起來。

「妳姐姐怎麼啦？」

也許是忍了很久，被老朋友這樣一問，她哭著把姐姐的情況告訴他。

「原來，我就覺得奇怪，怎麼有一個那麼像妳的網友，然後和她聊天，她說的關於她的東西其實都是在說妳，我就懷疑了。」

「你是說，她假裝是我？」

「嗯，我猜，她並不是無聊而隨便認識網友，她是在幫妳找男朋友。」

這一刻，她才明白，姐姐是希望如果她離開這個世界後，妹妹有個伴，擔心她因爲照顧姐姐，從來沒時間認識男生。

想到這裡，她又感動又難過，伏在老朋友肩膀上哭了。

「等等……你既然猜她要替我找男朋友，爲什麼你還出來見她？」

「因爲，因爲……我想……」

最怕空氣突然安靜，其實，他從小學就暗戀她，再見面，依然很有感覺。

吃了晚飯和吃了藥後的姐姐，看見妹妹在臉書打卡進電影院，看「阿凡達2」，笑了……

#故事未完請繼續

一年半後，簡單的花園婚禮。

妹妹算是閃電嫁給那個小學就暗戀她的男生。

證婚人是姐姐，值得開心的是，自從坐在輪椅上後，姐姐很久很久沒有出現在戶外了。

「姐，妳別生氣啦，我不小心搶了妳的網友。」

「哼，妳這妹妹太可惡了……咳咳……咳咳……」

話雖這樣說，但一臉的笑容，她很開心，這是她的計畫，她的心願。

「姐，我有一個驚喜給妳。」

「什麼？」

「我幫妳轉過去，看看妳身後……」

轉身後，不知何時來了二十幾個男子，每人手上都拿著一朵花，接著一個一個走上前把花送給姐姐，有些甚至給她一個擁抱。

那些人不是陌生人，都是她之前幫妹妹安排見面的網友。

妹妹跟他們說了姐姐的事，再把他們約來，給最愛的姐姐送上驚喜、鼓勵和祝福。

「林欣芸！」

「怎樣？林欣寧。」

「妳要幸福！」

「妳要吃飯！」

兩人抱在一起，哭了很久很久……

婚禮最後那張大合照，大家都笑得很燦爛。

三年後在林欣寧告別式上的那張照片，就是從大合照裡剪出來的。

她說，這是她一生中最開心的一刻，沒有之一。

就像她妹妹在告別式上對大家說，她是全世界最好的姐姐，沒有之一……

林欣寧，不管妳現在在哪裡，都要幸福喔！

你的狗到底是有多難放下

她有個死去的前男友，十一年前因車禍離開，從此她一直單身。

「她很可憐呢，那麼癡情。」

「十多年了還放不下……」

「人也長得很漂亮，追求者肯定不少，可惜……」

她身邊的朋友都這樣覺得，但事實並非如此。

她早在幾年前的某個下午，看著窗外天空的一朵白雲，就這樣，突然釋懷了，她知道前任已經在更好的地方，開始另一趟旅程了。

那爲什麼單身？

當然是……找不到對的人啊！和其他單身者一樣，只不過，她多了一個死掉的前任這個包袱而已。

最近她對同事A有好感，同事A也對她很好。

這天下班後，同事A約她吃飯，她很緊張，感覺對方要告白了。

「我想對妳說……」

「說吧……」

她低著頭。

「其實我們一樣。」

「一樣？」

「我們都有放不下的，深愛的……」

「你的前女友嗎？」

「不是，我的狗狗在三年前離開了，那時候很難過……」

結果，整晚同事都在說他和他的狗的過去，沒有表白。

她的OS：「本小姐已經放下了啊！！！」

回到家，她翻箱倒櫃，找到十幾年前和前男友的合照，然後看了很久很久……

「唉，我甚至記不起你（前男友）的聲音了，爲什麼大家都覺得我放不下你呢？」

抱著照片，睡著了。

那一晚，她夢見前男友，兩人在夢裡一起吃火鍋，甚至爲了一道菜而吵起來，一個說好吃，一個說難吃。

醒來，她想到一個讓大家覺得自己已經放下的方法。
她在臉書上寫著：「昨晚我夢見前男友，他拿結婚請帖給我，說他找到另一半了，所以，我也該尋找屬於我的另一半了。」
結果，朋友們紛紛按讚留言「加油！」「愛妳喔。」
收到同事A的信息：「今晚吃飯嗎？」
（哈哈，果然還是必須主動先宣布放下，別人才敢行動！）
吃飯的地方比上一次浪漫，她也穿得很漂亮。
「我想問妳……」同事A一臉緊張。
「問吧……」
（本小姐準備好了，來吧，投入我的懷抱吧，嘿嘿嘿！）
「是這樣的，我從來沒夢見過我的狗狗，如果，我是說如果，妳的前男友又出現在妳夢裡，可以請妳問問他，有沒有看過我的狗狗，它叫Benji。」

#故事未完請繼續

這一晚，她又夢見前男友了，兩個人在公園散步。
「其實，我已經放下你了，你不需要再來找我了。」她對夢裡的前男友說。
「我知道。」
「對不起……」她哭了，不懂為什麼哭了。
「對不起什麼啦，是我先離開，才害妳被大家誤會，以後我不會再出現在妳夢裡了，妳要好好照顧自己，知道嗎？」
「嗯……對不起……嗚嗚嗚……」
她哭得很慘。
「別哭了，對了……我查過了，天堂裡根本沒有妳同事A說的那隻Benji，叫他不要再用這個爛藉口來約妳，又不敢表白了。」
「喔……等等，什麼？？？」

借花獻醜

「情人節快樂。」

「情人節快樂。」

「情人節快樂。」

下班離開公司時，他逢人就說情人節快樂。

「情人節快樂，妳去哪裡約會啊？」

他問公司裡和他聊得來的女同事。

「我去賣花。」

「開玩笑的吧？」

「我認眞的。」

兩人關係一直都很好，也曾經跟一大票同事去旅行，當時還有人說他們應該在一起呢。事實是，他們只是普通朋友，還不夠熟，甚至不確定對方是否有男女朋友。

「妳在哪裡賣呀？」

「我姐姐的花店，情人節特別忙，我每年這一天都會去幫忙。」

「那妳男朋友不介意這天沒陪他嗎？」

「男朋友？那什麼？可以吃的嗎？」

平常他一個人解決晚餐挺容易的，但今天常去的餐廳都換了菜單，有些甚至只招待情侶。於是，他來到離家遠一點的 café。

「你怎麼在這裡？」

「我來吃飯啊，不會吧？妳姐姐的花店就是 café 隔壁這家？」

「是呀，你先進去吃，我等下過來陪你，我也還沒吃。」

這女生有點熱情，而他個性隨和，有個人陪也是這樣，一個人也是這樣。

沒一下子，她過來了。

「忙完了嗎？」

「嗯，今年沒去年忙，因為最近肺炎疫情的關係，出來約會的人好像少了。」

「我請妳吃，點餐吧。」

「好啊，哈哈，情人節有人請客特別開心。」

這飯局來得有點突然，但兩人都很享受。

「你等一下會去哪裡？」

「回家追我的美劇，妳呢？」

「我回家追港劇，哈哈。」

「妳住哪裡，要我送妳嗎？」

「不必，等我姐姐關店後，她會載我回家。」

「那就……這樣吧，再見，情人節快樂。」

「我今天是很快樂。」

「爲什麼，就請妳吃頓飯而已。」

「呵呵。」

他走了後，她回到姐姐的花店，想了一下，拿了店裡的一朵花，追出去。

「等等……」

她追上他。

「啊，怎麼啦？不是在姐姐的店嗎？」

「這朵花，給你。」

「謝謝，請吃飯有花收，我還挺喜歡這朵花呢。」

「那我呢，你喜歡嗎？」

其實，她暗戀他一段日子了，可惜他對她似乎沒什麼感覺，除了今天。

所以她打鐵趁熱，厚著臉皮表白了。

大概沉默了三秒，他只是瞪大眼睛，沒說什麼。

「喔，當我沒說過，再見。」

她轉身，走了很多步，沒人把她拉住，每一步都是失望，每一步都有心碎。

「妹，妳拿我的花幹嘛啊？走吧，我收拾好了。」

「借花獻醜去了……」

「蛤？什麼啦？」

#故事未完請繼續

凌晨十二點，花店對面的停車場，一輛車才要加速離開，卻突然緊急剎車。
「哇，嚇死我了，先生，你幹嘛突然衝出來攔住我的車啊？」
她姐姐的車一開動，他就趕來了。
「對不起，我喜歡妳。」
「啊，抱歉，我有老公，孩子一歲半。」
「姐，他是跟我說啦。」
「我們在一起好嗎？我明年送妳更多花，請妳吃更美味的情人節大餐，好嗎？」
她在車裡，開心的紅著臉，低著頭。
「花可以來我的店買。」
「姐！」
他繼續說：「我不想再一個人看美劇了，我可以陪妳看港劇。」
「我……也可以看美劇。」
「妹，妳給我下車，去約會，我要趕回家看韓劇呢。」
他和她，情人節，在一起了。
擔心妹妹一輩子沒人要的姐姐，一個人開車回家的途中，忍不住掉了眼淚。

國家戀愛局

未來，人類變得脆弱，一難過，就會斷氣。

那時候的死因排行榜，失戀年年都排前三。

失戀當然會難過，但人類是相愛動物，就算會死，仍然去愛。

戀愛必須自由，但為了控制日漸下降的人口，避免人們動不動就相愛，失戀動不動就自我傷害，所以，那時候，談戀愛是受管制行為，準情侶必須上「國家戀愛局」官網申請，首先安排體檢，接著心理評估，最後等待「戀愛許可證」批准，成為合法情侶。

整個審核過程大概三個月，比曖昧期還長，因此，很多男女只要開始對對方稍微有那麼一點點好感，就會先上網拿號碼，邊走邊看，批准的那一刻，情侶開心得像新婚，而在批准前決定不交往的準情侶也大有人在，比如說，以下這個故事……

〈難過指數〉

準情侶男A：「我們真的不適合嗎？」

準情侶女B：「真的很抱歉，開始是很有感覺，和你相處也算愉快，我曾一度覺得你是對的人，但這幾個星期的約會，我發現，我們對生活的理念，對信仰的熱誠，對夢想的妥協，對生死的看法，都有很大的不同。」

準情侶男A：「但這些……對幸福有什麼影響呢？我們在一起，開心就好，不是嗎？」

準情侶女B：「很重要啊，你看，我們對幸福的理解也不一樣。」

他無話可說，他真的很喜歡眼前這個女生，女生答應和他註冊的那一天，他已經興奮得告訴全世界，然後做了體檢，心理評估，好不容易等到明天就是批准日，結果，還是被打槍了。

女生離開後，他檢查智慧型手錶，難過指數已上升至79，是他這幾年來的最高點。

沒錯，未來，難過指數是可以被計算並顯示在智慧型手錶，人類必須做的就是別讓難過指數超過100，因爲一超過就會……「難過到死」。

「什麼?伺服器壞了，所以不能線上取消?」

於是，他只好親自跑一趟「國家戀愛局」，拿了號碼牌，就坐在一旁等，不經意輕嘆一聲。

三個月前來做心理評估的心情是期待的，而這一刻，同樣的地點卻是傷心的。

難過指數上升至81，他深呼吸，告訴自己要放下，畢竟還沒開始的戀愛，不叫失戀。

指數繼續上升，87!

他閉上眼，逼自己去回憶一些快樂的事情，對了，去年的海島旅行。

海天一色，涼風徐徐，度假村的特調雞尾酒，沙灘上的比基尼女孩，彷佛置身天堂……

（87、86、85……難過指數繼續下降。）

「嗯，決定了，一個人的旅行!舊地重遊!」

看看難過指數，已經掉到安全水平，69。

「3800，請到櫃檯3。」是他的號碼，他站起身準備往櫃檯3走去時，發現剛剛離開櫃檯3的一對情侶，兩人面帶笑容，手拿著一份粉紅色的戀愛許可證，男生整個高富帥的樣子，女生也很漂亮，不過，是一種心如刀割的漂亮，因爲那女生，就是讓他難過指數飆升的前任準情侶。

「原來，迫不及待和我切割，是爲了和別人成爲情侶。」

這是一個戀愛漏洞，很多人都同時和不同的人先註冊，撒網式的找眞愛。

他想通了，也更痛了，難過指數，98、99……100……

再說一個沒那麼不愉快的戀愛故事。

〈待命醫生〉

「陳醫師，下午三點有個預約。」

「親愛的施助理，但是我兩點半已經有預約了，就在民信路的GD咖啡廳。」

「是的，所以我幫你約在同一個地點。」

「妳確定兩點半的可以在半小時內完成嗎？」

「應該沒問題，客戶說和對方才在一起三個月，感情沒那麼深厚。」

「應該？妳忘了那次噴水池宅男差點死亡的事件嗎？」

「記得啊，最後還不是被你救回來了，陳醫師醫術高明，妙手回春。」

「……」

未來，無預警提分手的人，有義務僱用一名醫生，在分手現場待命。

（只限於戀愛中的情侶，曖昧期的分手不算。）

這是擔心如果對方的難過指數超標，有醫生在場，至少可以急救。

陳醫師說的噴水池宅男被分手事件，女客戶想和交往不到兩個月的宅男提分手，於是預約陳醫師，醫師在分手現場不遠處監督他們的分手過程（不能和客戶一起出現，否則被分手的就會猜到即將被分手，選擇逃避之類的），結果，分手才說出口，宅男難過指數直接飆升到101，心跳停止了四分鐘，命才被陳醫師急救回來。

「施助理，一起吃午飯嗎？」

「不了，陳醫師，我減肥。」

陳醫師和施助理兩人是老闆和下屬關係，也是一對歡喜冤家，兩人對彼此都有好感，但總是因爲公事而鬧得不愉快，好幾次約一起吃飯看電影，開始曖昧後，隔天又因爲工作吵起來。

下午兩點，陳醫師比預約時間提早到GD咖啡廳。

「陳醫師，兩點半的客戶取消預約。」

「啊……沒關係，我就在這裡邊吃午餐邊等到三點。」

「你可以幫我買午餐嗎？」

「不是說減肥嗎？」

「放棄了。」

「妳來陪我吃吧，反正現在診所也沒什麼人。」

「你怎麼知道？」

「我有診所的監控啊！」

「你終於承認了，承認你吃飽沒事就看監控，偷看我。」

「……」

「幫我叫魚排，我十分鐘到。」

兩人度過了愉快的午餐時間，陳醫師還約她週末去音樂會，她也答應了。

「和我去音樂會，妳的男朋友會介意嗎？」

陳醫師一直沒問施助理的感情狀況，今天找到機會了。

「我……」

施助理還沒說完，三點的女客戶剛好走進咖啡廳，女客戶向他們兩人點頭，然後坐在另一桌，五分鐘後，她的男朋友也來了。

一陣談判後，女客戶鞠躬道歉，男朋友給她一個擁抱，分手成功。

男子離開後，女客戶過來向兩人道謝。

「他的難過指數是多少？」

陳醫師問女客戶。

「72！」

「那還好，這裡沒我們的事，先走了。」

「可是醫師……」

「怎麼了？」

「我請你們來，不是幫我男友準備急救……是我……」

女客戶說到這裡，已經哭了。

「什麼？妳不想分手？」

「我得了絕症，不想連累他，所以才和他提分手。」

「給我看看妳的難過指數？」

女客戶伸出手，醫師看了她的智慧型手錶後，馬上要施助理叫救護車。
「難過指數91，而且還在上升。」
「小姐，妳先深呼吸，跟著我的節奏，一呼一吸……」
「我很愛他……雖然在一起沒很久，但他是我最愛的人，我今年三十八歲了，終於遇到一個很喜歡的人，爲什麼老天要這樣對我……嗚嗚嗚。」
「別說了，緣分是很神奇的東西，所以妳必須活下去，才能知道它最後爲妳安排了什麼，別放棄，好嗎？」
施助理握住她的手說。
五分鐘後，救護車到了，把難過指數下降中的女客戶送去醫院。
離開的路上，陳醫師和施助理沒有互動，各自想事情。
星期六，音樂會那天，施助理放鴿子，陳醫師很失望，但並不意外。因爲他隱約覺得，施助理不喜歡他，甚至覺得，施助理有男朋友了。
音樂會的歌單，歌手即興換了好幾首悲傷的情歌，把陳醫師的難過指數唱高了，85，他從來沒有那麼傷心過。
對了，歌手還沒表演完，就被國家戀愛局的人抓走了，那時候，悲傷的電影和音樂，都是被禁止的。

這個難過是需要付出代價的世界，誰又能毫無代價的眞正快樂？

#故事未完請繼續

「陳醫師，急件，九點半，公司附近的便利店門口。」

星期一，還沒進診所，就收到施助理的信息。

陳醫師回覆「OK」，就直接到客戶預約地點，卻發現施助理已經在便利店門口。

「啊，妳怎麼也來了？買咖啡嗎？」

「分手談判還沒開始前，不是禁止和客戶說話嗎？」

「什麼意思啊？」

「是我預約你的，請保持距離。」

陳醫師這才明白，今天的客戶是施助理，她果然有男朋友了，而她準備提分手，他是專業的醫生，但這一刻，他心裡有按耐不住的興奮。

他走進便利店，隔著便利店的玻璃窗，見證施助理和男朋友分手，貌似成功了，陳醫生回到施助理身邊。

「他的難過指數是67，根本不叫難過對嗎？」施助理先向陳醫師報告。

「你們在一起很久了嗎？」

「三年，遠距戀愛，不懂爲什麼，彼此漸行漸遠，這半年來比陌生人還陌生，沒想到他星期六突然回來，並和我求婚，我說會考慮。」

「考慮……那爲什麼還要分手？」

「我說會考慮是因爲當時沒有醫生在場。」

「喔……了解。」

「所以，今天，有你在場，我才拒絕，也順便分手了，不想付兩次的醫師待命費用。」

「放心，員工有優惠價。」兩人笑了。

「妳的難過指數多少？」陳醫師關心的問。

「17！」

「分手後才17？算是開心指數了。」

「那你的呢，陳醫師。」

陳醫生伸出手，給施助理看他智慧型手錶的難過指數。

施助理看了，紅著臉，喝了一口咖啡，不說話，看著城市東邊兩棟高樓之間昇起的太陽，閉上眼感受最溫暖的空氣，期待即將發生的好事……嘴角揚起笑容。

對了，陳醫師的難過指數是「負38」。

基本上，算是「幸福指數」了。

她是空手道冠軍

她是蟬聯好幾屆的全國空手道冠軍。

熱愛空手道，個性比男生還好勝，心中沒有愛情。

直到某一天，父母帶她去相親，她和對方一見鍾情。

對方是個文質彬彬的男子，從事設計，因為個性比較宅，所以三十六歲還沒交過女友。

相親前，媽媽低聲在她耳邊說：

「女兒，男生不喜歡強悍的女生，如果妳對人家也有好感的話，可以暫時先不說妳是什麼武術冠軍。」

「是空手道全國冠軍……好，我不說。」

相親後，兩人約會三次就結婚了。

她也沒機會說自己是空手道高手，第一，情到濃時突然說自己很會打，感覺很奇怪；第二，她還真的怕對方嫌棄自己。

「奇怪，妳爸媽怎麼沒警告我說娶了妳後，不准欺負妳之類的話？」

新婚當天回家的路上，他這樣問，她只是微笑。

誰敢欺負她啊？她可是一個手刀可以擊破二十片磚瓦的女生啊。

五年後，他們的女兒三歲，一家人過得幸福快樂。

「老婆，妳這幾箱『情書』很占空間，可以扔掉嗎？」

大掃除時，老公整理儲藏室，投訴那些跟著她嫁進來的密封箱，箱子上面寫著「前任的信和禮物」。

「不准，除非你先扔掉那箱寫著『珍藏寫眞』的箱子，色色的東西才應該扔！」

她當然不肯，因爲那些都是她參加比賽的獎盃和獎牌。

老公翻了個白眼，繼續打掃，她則上樓陪女兒，自己也小睡了一會兒。

不知道過了多久，迷迷糊糊中被老公叫醒。

「老婆，家裡有賊！三個黑衣人正從後門闖入，我報警了，警察應該沒那麼快到，你們別出聲，我去趕走他們。」

「別去！」

老公不理，已經走出房門。

過了好一陣子，樓下傳來很多聲音，看來是和匪徒對上了。

「寶貝，妳乖乖待在這裡，我去救妳爸爸。」

她深呼吸，扭一下頸項和鬆一下拳頭，打開門。

「老公，我來救你啦！」

她腦子裡已經想好用什麼招式，但眞擔心多年沒動手動腳，怕打不過……大不了和敵人同歸於盡，爲了救老公，她這樣決定了。

#故事未完請繼續

1

「老公，你還好嗎？他們……怎麼了？」她來到儲藏室，發現東西全都東歪西倒，老公沒事，而三個黑衣匪徒則不省人事躺在地上。

「哈哈，就他們很弱啊，我隨便碰幾下，他們就暈倒了……」明明躺著的三個人都身材魁梧，哪裡弱了。接著發現老公那箱寫著「珍藏寫眞」的箱子倒在地上，應該是和匪徒打鬥時弄翻的，裡頭的東西都掉出來。她撿起來看……

「世界跆拳道二十歲以下冠軍」「亞洲跆拳道冠軍」等等獎盃獎牌，上面全是老公的名字。

「就一直沒機會和妳說……相親時，看妳溫柔的樣子，怕妳不喜歡粗魯的男人，所以就沒說……對不起老婆……」他邊說邊往她走去，準備給她一個擁抱時，突然間，她一個手刀往架子上寫著「前任的信和禮物」的箱子劈去……

「全國空手道金牌」「空手道大賽二十歲以下少女組冠軍」等屬於她的獎牌獎盃也湧出來。

島主真心話：

空手道，跆拳道，柔道；還不如，相處之道。

我們的天分

她和他本來是好朋友，但他越來越喜歡她。

就算她和別人在一起，兩人仍然保持好友關係。

有一天，他揭發她的男友有小三，她和男友分手，但還是沒和他在一起。

他突然想通了，決定從她的世界消失。

她找了他很久也找不到他，直到她遇到現在的先生，結了婚，才停止找他。

十年後某個早上，先生問她，怎麼對著舊照片發呆。

她坦白告訴先生，她想起這個好朋友。

先生安慰說：「有緣的話，會再見面的。」

說完，先生就去上班了。

今天必須提早到公司，因爲要迎接從美國回來的新老闆。

新老闆進到公司，和每個人握手。

先生：「我覺得……你很面熟……」

新老闆：「哈，我十多年沒回來了，除非你是很久以前見過我。」
先生：「我想起來了，我今早才見過你！」
新老闆竟然是她找了很久的他。
晚上，兩人吃飯時。
她問：「你幹嘛啊，吃飯在偷笑？」
先生：「沒事，呵呵……」
門鈴響。
先生：「驚喜駕到！」
開門，她見到他，手中筷子也抓不穩。
兩人重逢，雖然沒有擁抱，但眼神中千言萬語。
仍然單身的他，晚飯後就離開，兩人也沒說太多從前。
先生：「很巧吧，妳的老朋友竟然是我的新老闆。」
她：「眞的很巧……晚安。」
兩個月後，她的先生被調去越南分公司工作半年。
她：「是你的新老闆安排的嗎？」

先生：「是啊，你的好朋友很提拔我呢，怎麼啦，不捨得我去那麼久啊？」

她：「不是……」

先生出國後的第二個月，他就約她出來單獨見面，她拒絕。

他不死心，隔幾天再約，她都一一拒絕了，但覺得不對勁。

他發訊息：「出來見個面好嗎？我有話要對妳說。」

她回覆：「不了，和你重逢我很開心，但我已經是別人的太太，請你不要打擾我的生活。」

這個訊息後，他再也沒找她了。

四個月後，她開心的去機場迎接先生。

她：「我有話要跟你說……」

回家路上，她決定告訴先生關於他曾經喜歡她的事情。

先生：「你知道了？」

她：「知道什麼？」

先生：「我們……離婚吧……」

原來，先生在越南分公司認識了一個女生，很快有了感情，先生決定和那女子在一起。
她難過得想把車往反方向的卡車撞去，但她並沒有。
離婚後，她對感情不再抱任何幻想。
好幾年都一個人吃飯，一個人跑步，一個人看電影，一個人旅行。
旅行中，在新加坡速食店，她正在等她的漢堡。
速食店裡有一對男女舉止特別親密，擁抱舌吻，完全不介意他人眼光。
單身多年的她，心裡輕嘆了一口氣。
隔天回國，在機場時，有人叫住她。
「你怎麼會在這裡？」
竟然是他！
就像前夫說的，有緣總會見面。

#故事未完請繼續

「我來旅遊……你也是？」
「我剛下機……來找我未婚妻。」
原來，他已有了另一半。
聊沒幾句，她問：「那時候，你一直要見我，就是要告訴我，關於我前夫在越南有第三者的事嗎？」
他苦笑，沒錯，他真的是聽越南同事說了，想要提醒她。
「天啊，怎麼我的另一半偷吃總是被你發現啊。」
「呵呵，我和妳沒有在一起的緣分，只有這種幫對方捉姦的天分吧。」
「才不要這種天分。」
「啊，我的未婚妻來接我了。」
她往他招手的方向看去，心涼了一半。
他那笑得好像一朵花的未婚妻，就是昨天速食店裡和別的男人打得火熱的女人。
「你剛剛說……我們有什麼天分？」

我會保護你

「所以你住在樹上嗎？」

「不，我住在河屋。」

「哈哈，那你會不會打獵？用類似吹筒一樣的武器。」

「我不會，但我會做陷阱抓野雞。」

「哈哈，阿索，你太可愛了。」

阿索是新來的員工，家鄉在山區的原住民。大家總是有意無意拿他的身分開玩笑，而他為人隨和，即便有些問題帶著歧視，也認真回答。

「我覺得你們有點過分了……該注意一下。」

她和他同部門，看不順眼，所以溫馨提醒其他同事，但沒幾個聽進去，因為她不過在公司做了一年，也不是什麼高層。

「阿索，你不介意嗎？他們常常這樣作弄你。」

「沒什麼，習慣了，在大學時也是這樣。」

「不可以習慣啊，你可以表示不喜歡或者不理他們。」

「無所謂，就像我們族長常說的，好狼不跟狗鬥。」

「你是開玩笑的對吧！」

「哈哈。」

「但你不要擔心，我會保護你的。」

這句話之後，他和她成了好朋友。

她是個都市人，一直教他在大都會應該怎樣保護自己，而他也只是表面答應，但始終待人眞誠，被欺負一樣不會發脾氣。

「阿索，快唱歌，你們原住民不是很會唱歌嗎？」

和同事們去KTV，他很快成爲目標。

「我不會唱歌。」

「唱啦！」大家起哄。

「我眞的不會唱歌，我只會跳舞。」

「邊唱邊跳吧！不唱罰你喝三杯！」

「三杯？你自己喝個夠！」她生氣了，大聲的對特別愛取笑阿索的同事Vincent喊道，整個包廂安靜下來。

她和阿索先離開。

「妳爲什麼那麼生氣？」

「應該是我問你，爲什麼不生氣？」

「沒什麼啊，大家也只是玩玩而已。」

「我就是不喜歡看你被欺負！天啊，我到底生氣什麼？你一點都不在乎。」

她轉過身，不想理這個不懂她已經喜歡上他的笨男生。

「對呀，妳生氣什麼？我的族長常說，山豬不發脾氣的，山豬只會吃……」

「你說誰是山豬？？？」

「哈哈。」

這一晚，曖昧正式開始。

兩個月後，沒那麼快樂的事情發生了。

「醫師，你是說，切除腫瘤後，我能活下來的幾率是……30%，不做手術的話，頂多活半年？」

「手術有這個風險，我讓妳自己決定。」

晴天霹靂，原本以爲只是普通的頭痛，醫生卻給她一個壞消息。

她把這個壞消息告訴阿索。

「妳……會動手術吧？」阿索很難過。

「不知道，你說呢？」她哭了。

「做吧……好嗎？」

「只有30％會活下來喔……」

「只有30％也要做，妳是我生命的100％，我不想失去妳。」

「喔……」

「我喜歡妳。」

兩人緊緊抱在一起。

「喜歡我這件事，你問過你的族長了嗎？」

「哼，這種事……我自己決定！」

「好man喔……」

「我決定幾時問就幾時問，我今晚才問。」

「你眞的要氣死我？」

就這樣，他們在一起了。

手術那天，家人和同事都到醫院替她加油。

被推進手術室前，阿索仍緊緊握著她的手：

「別怕，妳就當睡了個覺，醒來就會看到我啦。」

「如果我沒醒來，記得，你是狼，不要再被欺負了，好嗎？」

他點頭答應，就在她進手術室後，他匆匆跑開，所有人都不明白他趕著去哪裡。

五分鐘後，他又回到手術室門口，但大家過了一會兒才認出他，因爲他化了妝，穿著原住民傳統服裝，還拿著矛和盾。

「阿索，你要幹嘛？」同事問。

他用手機播放原住民傳統音樂，然後，竟然在醫院走廊開始跳舞！

「阿索，你還好嗎？」同事擔心他。

「我們的族人生重病的話，會去找巫醫看病，巫醫醫治的時候，我們會在旁邊跳舞，分散病魔死神的注意力，讓病魔死神只顧著看舞蹈，忘了帶走靈魂。」

所有人恍然大悟，都市人覺得不可思議，但大家都很感動，也不再說什麼了。

他繼續慢動作揮動雙手，表情嚴肅的翩翩起舞。

「哇，你們看！這裡有個怪人在跳舞。」

醫院裡有人經過，準備用手機拍下來。同事們上前把人罵走了。

「看什麼看？滾遠點啦。」罵得特別大聲的，就是之前特別愛嘲笑阿索的Vincent，阿索很感激他。

就這樣，三個小時的手術，阿索也足足跳了三個小時。

手術室的燈亮了，醫生走出來……

#故事未完請繼續

「奶奶，每次妳說起爺爺在醫院跳舞的故事，我都會哭。」

「孫女啊，又是妳要我說的。」

「嗯，我以後也要找一個像爺爺一樣的男朋友。」

「抱歉，只此一家，妳找不到了，呵呵。」

「妳贏了，奶奶，我先回家了，爺爺就交給妳照顧了。」

孫女離開後，她充滿愛意的眼神，望著床上像是睡著的阿索。

「老伴啊，聽見我說的話嗎？

「醫生說，你下一次病情發作，可能會很嚴重。

「但你不要擔心，我會保護你。」似曾相識的一句話……

說完，她打開阿索部落的跳舞視頻，慢慢從椅子上站起來，開始跟著視頻，學著跳……

Island 2

好人入境
免簽證島

入島須知：

好人出沒，請注意，好人出沒，請注意。

因為免簽證，所以島上遇見好人的機率，非常的高。

請你準備好雙手，隨時隨地的，給好人一個好抱。

什麼？沒遇見？你不就是好人一枚嗎？

兩個只能成全一個

「現在都幾點了？妳不如中午才回來？」

「你發什麼神經？就遲了一個二十五分鐘而已。」

「妳明知道這個二十五分鐘會害我錯過那趟巴士和地鐵，我這個月已經遲到五次了！」

「怪我嗎？便利店早班同事遲到，我已經用跑的回來了，你還想要我怎樣？上個星期你和同事喝酒晚上十點才回來，我不是也遲到了嗎？」

「我都說了，那是工廠的尾牙！」

在工廠上班快遲到的是哥哥，而在便利店上晚班的是妹妹。

兩人關係惡劣，日常對話常常吵架，晚回家更是最易燃的導火線，兩人無法同時不在家的原因是，母親三個月前不幸中風，加上情況比較棘手，中風前的母親患有輕微失智症，疑心病特別重，曾試過聘請鐘點看護來照顧母親，但每個都被母親趕走，不吃看護餵的飯，也不讓看護帶她上廁所。

於是，兩兄妹只好一個顧白天，一個顧晚上。下班後還要照顧病人的疲累，體力消耗遠不如心累，失智病人無心的各種爲難，都是對照顧者的折磨。

「哥，你又買錯媽的紙尿褲！」

「妳拿去換吧。」

「我沒空。」

「妳不是休假嗎？就不能在家一起照顧媽媽，別讓我那麼累好嗎？」

「我也難得一星期才休一天，我要去練舞！」

一聽到「練舞」，哥哥就莫名生氣，直接開門外出。

妹妹氣得只好取消練舞，留在家照顧媽媽。

「哥哥……哥哥……辛苦……別吵……」

口齒不清的媽媽，很不容易說出這句話。

「他辛苦？他根本就是針對我，我從國外回來後就這樣針對我！」

「不……不是這樣的……」

「不是這樣嗎？他自己考不上，然後只能在工廠上班，我考上了，從我出國留學那天開始，他就懷恨在心了。」

兩兄妹年紀相差一年，母親一個人四份工作，含辛茹苦撫養兩人長大已經不簡單，還存了一筆學費，但只夠讓其中一人升學。

那時候，哥哥高中畢業後想考機師，晚他一年畢業的妹妹則夢想去海外讀設計。

也就是說，他們的夢想，兩個只能成全一個。

結果，哥哥放榜那天，他紅著眼對妹妹說：「妳給我好好讀書！」

他沒考上，機會是妹妹的了。

隔年，妹妹出國留學。

可是，一年後，妹妹被退學，原因是曠課，迷上街舞無心上學，一天到晚沉迷於這個愛好。

她回國後，哥哥很生氣的罵了她一頓，從此，兩人關係就不太好。

「哥哥……他……」

「媽，別說了，我扶妳上床休息。」

她邊說邊推著母親的輪椅，從客廳到房間。

經過飯廳的時候，母親指著櫃子上的餅乾桶。

「媽，妳不能吃太多餅乾，明天再吃。」

「給……我。」

「不行，明天才給妳吃。」

媽媽好不容易睡著了，哥哥還沒回家。

她戴上耳機，在客廳練習了一段舞蹈，累了就坐在客廳玩手機，滑到「年度GD街舞大賽」的發文。

去年她偷偷參加了，卻只得了一個安慰獎，今年她不打算參加，不是因爲沒有信心，而是比賽時，其他參賽者的支持者都是一家大小出動的，而她則是孤獨參賽。

不能讓母親知道，因爲辜負了母親的存款，沉迷跳舞而荒廢學業。

更加不能讓哥哥知道……

晚上十點，她肚子餓，去廚房找東西吃。

「這餅乾眞的那麼好吃嗎？我試試看。」

想到母親剛才吵著要吃的餅乾，就站上椅子，從櫃子上面把餅乾桶取下來。

「咦，怎麼後面還有一桶餅乾啊？」

她把後面那個比較舊的餅乾桶也拿下來，這桶比較輕，她更好奇了，於是打開來看。裡頭果然不是餅乾，有母親和父親的合照，還有十年前父親車禍去世的新聞剪報。

「唉……爸，你在就好了。」

她正打算把餅乾桶蓋上的時候，發現了一張成績放榜單，是哥哥的高中成績單。

門打開，哥哥回來了。

「媽怎樣？睡了嗎？」然後他看見妹妹拿著他的高中成績單。

「哥，你……那年的成績，爲什麼和你說的不一樣？」

「什麼……不一樣？晚了我要睡了，妳別碰媽的東西。」

「你騙我說你考不上，然後把媽媽存的學費讓給我嗎？」

妹妹說到這裡，已經哭了。

原本已經很內疚自己辜負家人期望的她，此時此刻，更加內疚了。

當年，哥哥其實低空飛過，他的成績要加入機師培訓課程是沒問題的，只差學費而已，所以，放榜那天，他去了一趟機場，看了一個小時的飛機起飛和降落，才回家騙家人說他沒考上，但媽媽後來發現他的成績單，知道他的苦心，所以把成績單收藏起來。

「你幹嘛這樣做?你笨蛋啊?機師是你的夢想啊!」

「出國留學,也是妳的夢想,不是嗎?」妹妹瞬間回想起過去,其實,哥哥一直都很疼愛她,要不然也不會犧牲自己的夢想。

「對不起……對不起……我眞的讀不好,並不是因爲跳舞而無心上課的,我一個人在國外很想家,很想你們,那段時間很憂鬱,是跳舞讓我找到平靜……」她還在哭。

「沒事,都過去了。」哥哥也哭了,他從來不知道妹妹在國外的辛苦。

這一刻,兩人並未擁抱,但彼此的心都抱緊了。這晚之後,兩人的關係也修復了。

看見兩人不再日夜爭吵,母親很開心,但不幸的是,三個星期後,母親病情突然惡化,在兩兄妹的陪伴下,母親跟這個讓她勞累了大半生的人間告別了。

也許,在天堂,父親穿著西裝,送上鮮花,並用一個「辛苦妳了」的擁抱來迎接她。

#故事未完請繼續

兩個月後，年度GD街舞大賽總決賽。

最後一分鐘報名參加的妹妹，憑著天分和努力，勇闖決賽。

就在她上場表演solo舞蹈前，她往觀衆席看了一眼，找到了哥哥。

哥哥對她比個讚，她很感動，於是，把感動化爲舞蹈的動感，她得了第一名。

「恭喜妳，走，請哥哥吃飯。」

「不行，你必須請客。」

「什麼?妳這個小氣鬼，第一名不是有獎金嗎?還挺大筆的呢！」

「對呀，你請客，因爲獎金是你的。」

她把支票遞給哥哥。

「爲什麼?」

「我比賽不是爲了證明自己，是爲了這筆獎金，哥，拿去報名機師培訓課程吧！」

「啊……」

哥哥說不出話。

這一刻，兄妹倆眞的擁抱了。

不順風車

「早安，這是你的早餐，麵包和咖啡。」

「謝謝。」

她和他是同事，一年前當她加入公司，他知道她就住在同一個社區後，就主動說可以載她上下班，反正順路。

她先是拒絕，但他堅持，就這樣，她坐了他一年的順風車。

她也很會做人，每次都會買早餐給他，當作答謝。

「對不起，明天開始，我不能載妳了。」

車才開了五分鐘後，他突然這樣說。

「喔，是她不喜歡吧。」

他在外國深造的女友上星期回來了，她知道後就曾問過，但那時他說沒問題。

「對不起。」

「對不起有用嗎？麵包和咖啡還給我！」

「啊！」

「開玩笑的啦，眞的，我可以自己去上班，謝謝你載了我一整年。」

這天之後，她就搭地鐵上班，早餐只買一份。

而他每天開車經過她住處附近時，都會有種怪怪的感覺。

他習慣了她的陪伴，因爲兩人在車上都有同樣的話題，一起說老闆的壞話，一起說生活的累。

但因爲尊重女朋友，所以，只好割捨這個紅顏知己。

「你怎麼在這裡？」

「啊，我忘了……哈哈……」

這天早上，他突然出現在她的門口，說他忘記了不必載她。

「既然來了，妳就上車吧。」

「不必了，謝謝。」

她不想被他女朋友誤會，所以，堅持搭地鐵。

這一刻，他覺得特別難受，因爲……

「我好像喜歡妳了。」他說出口了。

「你認眞的？」

「嗯，我一天裡最輕鬆、最開心的時候，就是和妳一起上下班的通勤時間，沒載妳的這幾個星期，我覺得好像一天都不完整了，我們繼續好嗎？」

「不要這樣，你的女朋友呢？我們還是做回朋友……不，同事吧，我要遲到了，再見。」

他被拒絕了，但他沒有特別難過，因爲把感受說出來了，而且，他還眞沒去想，如果她接受他的話，女朋友該怎麼辦。

兩個月後，他辭職了。

因爲女朋友得到很好的海外工作，希望他也一起出國發展，他答應了。

在公司的歡送會上，她和他握手，然後恭喜他。

「我們保持聯絡，妳可以來找我玩。」

「好啊，我會的。」

「那天……對不起……我太衝動了。」

「沒事，過去了。」兩人擁抱了一下。

隔天，他就飛了。

他走後，她考了駕駛執照，來到二手車行買車。

汽車業務介紹了很多不錯的車款，但她的目光只集中在一輛……她很熟悉……她坐了一年的車，原來他走後，車就賣給這車行。

「我就要這輛。」

她上了那輛車，手握著方向盤的那一刻，她自言自語：

「我也喜歡你啊，每天搭地鐵時，每一道風景再美，我都看不下去，我想的都是你啊……一人份的早餐，我也吃不出味道……我也懂幸福應該爭取……但我就是……做不到啊……」

她趴在方向盤上，哭了很久很久。

#故事未完請繼續

半年後。

「為大家介紹，這是我們的新同事，Allen。」

「大家好，多多指教。」

「Allen，你住在天逸花園對嗎？你怎樣來上班？」

「對啊，我搭地鐵。」

「我們有同事就住那裡呢，可能你可以搭她的順風車。」

「不必了，真的不要麻煩……」

老闆和其他同事都望著她，她看著這個叫Allen的新同事，想起一些往事，然後笑著說：

「可以啊，但每天要給我買早餐喔。」

島主真心話：

愛，讓人勇敢，沒錯；

但忍住不愛的人，勇氣才可嘉。

分手快樂仙女棒

「恭喜你，你是地球上第七十五億個失戀的人！」

「恭喜什麼啦？等等……你是誰？爲什麼你有翅膀？」

「我是失戀天使！」

他剛剛被女友甩了，一個人難過的去KTV唱歌，結果轉角遇到失戀天使。

「失戀天使是什麼？走開，我不要再失戀了，我已經被分手七次了！」

「根據我的記錄是八次，你已經貢獻了地球上八次的失戀，是我的忠實粉絲！」

「八次？小雪那次不算啦。」

「算，她比你快0.5秒說分手。」

「……」

「別沮喪，因爲你是第七十五億個失戀的人，所以我是來送禮物的！」

「禮物？好啊，什麼禮物？送我一份愛情？一個女朋友？」

「不好意思，那是愛神的工作，我是失戀天使，失戀天使送的是……登登登……

『分手快樂仙女棒』！」

「什麼鬼？我不要！」

「聽我說，這支『分手快樂仙女棒』可是很神奇的東西，只要有人失戀，你往他的臉用力揮一揮這支棒五次，他就會立刻放下痛苦，振作開心起來。」

「騙人，都沒效。」他邊說邊往自己臉上揮棒。

「不好意思，對自己揮是沒用的。」

「屁啦，這是什麼爛禮物，我不要！」

「送你的就是你的了，要不要用隨你，再見！」

天使飛走了，留下傻眼的他和那支粉紅色有燈的仙女棒。

來到卡拉OK門口，竟然讓他遇見了同事慧潔。

「你怎麼一個人來唱歌啊？」

她問他。

「我……我……喜歡一個人來唱歌……妳呢？」

「我也是……」

「那不如……我們兩個一起去包廂唱吧。」

她答應了。

結果，才唱第一首孫燕姿的「我不難過」，她就哭了。

原來，在一起六年的男朋友劈腿，今早被她發現，所以分手了。

他見她哭得可憐，又不懂怎麼安慰，於是拿出那支「分手快樂仙女棒」，往她的臉上揮……

「嗚嗚嗚……我哭得那麼慘，你在那邊跳舞？」

「啊，不是，我是在幫妳……」

「分手快樂仙女棒」發出像手機沒電的提示……然後燈滅了，果然是爛禮物。

「對不起，我不是在取笑妳，我原本是想……」

「我知道，你跳舞是要哄我開心？謝謝你……雖然你跳得很醜，但真的很有趣，你可以再跳嗎？拿著這個仙女棒……哈哈……」

「啊……」

明明他也失戀，但他心地善良，所以就跟著音樂亂亂跳，來哄這個傷心的同事。

這天之後，兩人成了好朋友。

三個月後的某一天，兩人倒楣的被困在公司電梯裡，結果，來電了。

這就是緣分，三年後，結婚了。

婚禮上，很多人問新娘什麼時候愛上他的。

新娘笑著說：「在我最難過的時候，他跳一種很奇怪的揮手舞來哄我，那一刻，我就偷偷愛上這個人了。」

來賓們聽到這裡，要他當場跳一段。

從此，他們就過著幸福快樂的生活。

#故事未完請繼續

「媽媽，我戲劇表演的仙女棒不見了……嗚嗚嗚……」

「唉唷，怎麼會這樣，校車快到了，妳現在才發現不見。」

「嗚嗚嗚……怎麼辦？」

「別哭，女兒乖，我想起儲藏室有！」說著就把仙女棒找出來，還充了電。

「爸爸爲什麼會有仙女棒啊？」

「我也不懂，當年妳爸就是用這個來哄我的，妳拿去用吧！」

「嗯嗯，媽媽記得收看喔，我的戲劇表演有live直播呢。」

「一定……妳演的角色是什麼？」

「仙女啊，有一段，我還會對著鏡頭揮動仙女棒呢！」

就這樣，那一天的直播鏡頭前……

所有放不下前任的傷心人都莫名痊癒了。

孤島Joe

「你是哪所學院畢業的？」

「我是XXX畢業生。」

「沒聽過，那你有任何推薦信嗎？」

「沒有。」

下午，城市裡的某個畫廊，一個年輕畫家，努力賣著自己的作品。

畫廊老闆沒看兩眼，就拒絕買下他的畫。

他的畫不漂亮？他沒有天分？

也未必，但這就是商業世界的操作，要的是你的背景，不是離鄉背井。

來自鄉下的他，剛開始不懂，現在總算了解。

因爲這是他今天拜訪的第四間畫廊，前三間也問了幾乎一樣的問題，也一樣拒絕了他。

「你的畫挺好的，但坦白說，沒有名氣，畫會很難賣……對不起。」

第五間畫廊，算是最有善意的拒絕了。
「沒關係，謝謝。」
他收拾好所有的畫，準備離開畫廊。
「等等，我看你是從鄉下來的吧，來城市多久了？」
他來了兩個星期，租了一個小房間，每天幾乎只吃餅乾麵包，作品再賣不出去，只有兩個選擇，一個是餓死街頭，另一個是回家，回去面對阻止他到城市發展的爸爸和一直很擔心他的媽媽。
「爲什麼不繼續讀書，畫畫能多有出息？」離鄉那天，爸爸仍然反對。
「孩子的爸，孩子有的是理想，你就支持一下會怎樣？」
媽媽說完，往他手裡塞了一些錢，哭著送他去火車站。
所以，他對自己說，沒有一番成就，絕不回去，不能辜負媽媽，也要證明給爸爸看，他是可以的。
「其實你行的……」第五間畫廊老闆這樣說。
「但需要一些時間找到欣賞的人，這段時間，你必須工作，我有一位做相框的朋友需要人手，你先去上班，賺點錢維持生活，好嗎？」

要是一個月前，他是打死都不願意，但現在，他摸摸口袋後，點頭了。

第二天，他開始上班，老闆人很好，工作也不辛苦，就是組裝相框，偶爾幫老闆顧店。

每當爸媽打電話來問候時，他都說很好，爲了不讓他們擔心，還騙說自己已經是個很有名氣的畫家，還說他的畫在城市裡到處都看得到呢。

他並不喜歡說謊，所以，每個週末，他加倍努力賣畫，但還是一張也賣不出去，更別說什麼「城市裡到處都有（他的畫）」。

有一天，無意間聽到相框店老闆對老婆抱怨生意差，因爲他們手工製作的相框，慢慢被大量生產的工廠相框取代，客人越來越少。

老闆對他不差，所以他也替老闆難過。

同一天，他接到媽媽的電話，說他們打算一個月後來城市探望他。

他不知所措，謊言就快被拆穿了。

隔天，當他心事重重地包裝相框時，突發奇想，把自己的其中一幅畫了一座孤島的畫，鑲進相框裡，希望這樣會讓相框看起來更出色，賣相更好。

果然，那個相框一下子就被客人買下了。

「謝謝支持，這是你買的相框。」

「喂，不是連裡面的畫也一起賣？」

「那只是展示圖，並不是相框的一部分。」

「別吝嗇，不過是一張普通的畫，我這個相框是要送人的，空空的相框不得體呀，就一起送吧！」

相框店老闆一臉爲難，回頭看一看他，而他看一看那幅嘗試賣了很久的孤島畫，輕輕點了點頭。

接下來的每一天，相框店關門後，他都留在店內，一一替所有相框畫上簡單的孤島圖，然後連同相框一起販售。

接著神奇的事情發生了，從那天起，相框店生意果然越來越好了。

有人說他的畫讓相框有了靈魂，更加吸引人。

但更不可思議的是，很多人買了相框都不放照片或原本打算放的畫，而是直接展示隨相框附送的孤島畫作。

沒多久，餐廳、咖啡館都有他的作品，連公家機關也出現了……

諷刺的是，不久前才拒絕過他的那些畫廊，現在也對這位孤島畫家讚不絕口，都搶著要賣他的作品，這一切，誰又想過呢？

「我們畫廊會把你的畫作展示在入口處，請問，作品簡介，你希望我們放你的眞名還是……？」

他微笑回答：「請你放……」

#故事未完請繼續

火車到站，一對老夫婦背著行李，離開月臺，走在一條長長的、掛著好幾幅孤島畫作的走廊。

「我告訴妳，我覺得孩子並沒像他電話裡說的過得那麼好，什麼整個城市都有他的畫，根本是騙人的，是爲了不要我們擔心，妳待會兒見到他，記得就別再問那麼多了，記得呀！」

「唉唷，當初是你一直反對呀，還以爲你會因爲他不得志，要他立刻跟我們回家，原來是嘴硬心軟呀。」

「妳管我，那些錢藏好了嗎？」

「藏好啦，都放在給他帶的衣服裡，希望夠他用……」

兩人走到火車站大廳，站在掛著一幅大孤島畫作的牆壁前。

「兒子不是說要來接我們嗎？」

「都市裡塞車啦，老公，你看這幅畫，好大的孤島喔……」

「什麼啦，大又怎樣，沒我兒子畫得好呢。」

東京之旅：一早比一世遙遠

「他們也弄不見你的行李嗎？！」

「是的。」他苦笑。

「這航空公司眞的很糟糕，我的衣服以及日用品，全都在那個行李箱裡，他們竟然說不知道誤放在哪個航班！」

「嗯，我的情況也一樣。」

兩個男子，在機場的行李遺失部門大廳相遇。

「更糟糕的是……我買給女友的禮物也在裡頭，你猜是什麼？」

「是……首飾嗎？」

「沒錯！很貴的項鏈，你呢？有幫你女朋友買什麼嗎？」

他微笑搖頭。

「沒買還是沒女友啊？哈，別介意，反正我和你都在等他們找回行李，就閒聊而已，你從哪回來？」

「美國。」

「在那邊生活很久了嗎？」

「十三年。」

「很久啊，我是去杜拜出差兩週，女友每天都問我何時回來，前天才和她吵了一架，說眞的，我好幾次都想和她分手了。」

基本上都是這個他在說話，而那個他只是靜靜的聽。

「兩位，不好意思讓你們久等了……」航空公司的地勤客服人員對他們說。

「張先生，我們找到你的行李了，還在杜拜……我們已經安排下一班飛機把它送回來，是明天中午到……」

「什麼？有沒有搞錯？你們確定眞的是我的行李嗎？它有損壞嗎？裡頭的東西不見的話，誰負責？」

他罵了大概三分鐘，航空公司客服人員不停道歉，最後送他機場餐廳的優惠券，他才安靜下來，然後答應說明天再來拿行李。轉身離開時，聽見地勤客服對那位美國回來的男子說：

「林先生，對不起，眞的對不起……我們到現在還沒找到你的行李……」

聽到這裡，他只是皺眉，也沒說什麼，反而……

「喂，你們這麼大的航空公司竟然找不到一個小小的行李嗎？你們有查清楚嗎？會不會還在美國啊？」

反而是拿了優惠劵正要離開的他，又回頭罵人。

「很抱歉，我們已經這樣做了，但美國那邊說……東西上錯了別的航班，只能等東西抵達某個機場後，沒人認領……才會通知我們，對不起，你可以先回家，一有消息我們會馬上聯絡你。」

他一臉難過，雖然也想開口罵人，但不知爲何，就是不想說話。

「唉唷，你們最好快點幫我朋友找到行李喔，不然我會去交通部投訴，我認識很多人……」

這位認識不到一個鐘頭的陌生人，反而積極的幫他討回公道。

「謝謝，你先走吧，你女朋友不是到了嗎？應該等你很久了，我會在這裡等。」他是很感激這個多事的新朋友。

「差點忘了！那我先走了，（在他耳朵輕聲說）記得和他們要優惠劵喔。」

「我會。」

「對了，你的行李箱裡有貴重的東西嗎？」

「是我太太……」

「你太太？」

他瞪大了眼。

「……的骨灰，她在病床上要我答應，如果她打不過病魔，死後想安葬在出生的地方，所以，我把她帶回來了，沒想到，卻不見了。」

「啊……對不起……我說了那麼多廢話，我真的是……唉……」

「沒事，你也別和女友吵架了，兩個人還在一起，比什麼都重要。」

他聽到這裡特別有感觸，臨走前，又激動的對航空公司的人喊道：

「你們最好快點幫我朋友找回他的東西，不然我真的會投訴到交通部長那裡，我認識很多人的！」

他踏出機場，上了女友的車，女友就開始碎碎唸了。

「怎麼那麼久？你知道這裡不能停車嗎？我繞了很多圈呀！這麼久沒見面，你難道就不期待嗎？肯定是在裡頭忙著和空姐聊天！」

他望著這個愛吵鬧的女友，想到剛剛那位失去人生中摯愛妻子的男人，於是他突然緊抱著女友……

「怎麼了，做錯事啦？」

「我錯了，下次去哪裡工作都帶妳去就是了。」

「喔，有問題，快說！是看上了哪一家航空公司的空姐？」

#故事未完請繼續

「老公，我死後記得把我帶回馬來西亞，我很想念家鄉……」

「妳剛吃藥，好好休息，妳會好起來的，妳應該說，當妳好起來之後想去什麼地方玩？我帶妳去。」

「嗯，我們真的很久沒去旅行了，都怪我生病……」

「Dear，相信我，妳會好起來的，說吧，妳想去哪裡？冰島？愛爾蘭？西藏？」

「我想去東京……我們度蜜月的地方……想和你再去一次……咳咳咳……」

他突然醒來，原來是夢見之前和太太的對話，眼角泛淚。

「先生，我們找到了你太太的骨灰了！」

航空公司地勤人員語氣激動，看來他們也很內疚。

「太好了，在哪裡找到的？」

「我們錯把它放在飛往日本的航班，現在已經抵達成田國際機場，我們會安排從東京飛往馬來西亞的最早一班航班。」

他聽到太太在東京，鼻子一酸，心想：

「Dear，妳就真的那麼想去東京嗎？」

他真的很想念太太……

「謝謝你們，但是，不必安排最早的班機，晚一點也可以，隔幾天也可以，到了之後，你們再聯繫我就好。」

地勤人員不解，但也點頭答應了。

他離開機場，望著天空說：「Dear，妳就去玩幾天再回來吧。」

民信路的招財貓

「我今天談成一個大項目，幫日商公司員工找房子，佣金可觀，談成後我帶你去巴里島玩好不好？自從和你在一起之後，我的業務突飛猛進，你是我的招財貓啦……」

「嗯……」

「怎麼啦？妳從剛才吃飯前就悶悶不樂，是因為壽司店的事情嗎？」

她和從事房仲的男友晚餐但胃口欠佳，心情糟的原因還眞給男朋友說中了。

她是西區民信路「風之城堡」連鎖壽司小店的店長。今早收到總店通告，大概是說下一季是淡季，公司提前部署，由於西區有兩家店，打算忍痛關閉其中一間。不是民信路這間，就是長山路那間，這兩間只有五條街的距離。

因此，接下來三個月總店會觀察兩間小店的表現，再決定留下哪一間，而被結束的那間，雖然會對員工做出合理補償，但看來賠償眞的幫不了什麼，而且，工作更不容易找了。

「了解，但妳別擔心，就算沒工作，只要妳三天才吃一餐，我可以養妳，哈哈。」儘管男友愛開玩笑，但她知道，這個男人說到做到，她很感動。

然而她心裡想著店裡的四個員工，壽司師傅、廚房助理、收銀員，以及清潔大姐，大家都是家裡有負擔的人，所以得知消息後，一整天都沒有笑容。

隔天，一大早來上班時，四個員工就來找她了。

「店長，妳覺得我們應該先找工作嗎？我不想三個月後，店結業了才開始找，到時找不到怎麼辦？」

「我這樣說吧，找工作是你們的權益，我怎麼可能會阻止你們呢？但我眞的希望，以我們一起工作幾年的默契，這三個月，我們民信路『風之城堡』一定可以達到總公司的要求，到時大家都會留在這裡一起奮鬥，一樣會有現在的收入。」員工們聽了都點頭，貌似比較有信心了。

「我們的業績向來都比長山路那間好，所以，我們繼續努力就對了，別擔心了，開工吧，加油！」

這一天，他們的業績很不錯，在公司 line 群組呈報營業額時，她發現長山路的業績並沒有因爲「比賽」而進步，和之前一樣低迷，營業額只有他們的四分之一。

接下來，連續幾天，民信路的戰績一直遙遙領先，長山路依然沒有任何起色。

「你去過長山路的『風之城堡』嗎？」這天，她突然問男朋友。

「長山路那一帶啊？我很少帶客戶去看房子，簡直像半個死城。」

「爲什麼？」她本身也是沒去過那一帶。

「新的高速公路啊，自從高速公路建好後，往北部的車就繞過那一區，交通流量跟人流都少了，原本居民就少，現在更冷清，我覺得你們要贏不是問題，放心好了。」

兩個星期後，總店的評估員來他們的店觀察，因爲除了業績，服務和衛生也是考量的因素，但他們都過關了，評估員給了他們很高的分數。

「我說民信路的店長啊，我就偷偷告訴妳好了，其實總店已經決定關閉長山路那一家，這次的評估也不過是個儀式而已。」

「謝謝，那長山路的人？」

「公司自有安排。」

所謂的安排，其實也不過是按照勞工部的最低合理賠償。

這天，她請半天假，把制服換了，然後搭巴士去長山路。

沒錯，也許是將心比心，她突然很想知道長山路的「風之城堡」是什麼情況。

也許，有什麼是她可以幫忙的，但這很矛盾，幫忙對手就等於對自己殘忍。

想著想著，不知不覺已經來到長山路。

果然，正如男朋友說的，這裡的人流少得可憐，一排店面只有三家營業，「風之城堡」是其中一家。她輕輕啊了一聲，因爲她遠遠地就看見兩個穿著「風之城堡」制服的員工，站在門口發傳單。

民信路的生意再怎麼不好，也不需要發傳單，更讓她驚訝的是，兩位員工的年紀都不小，感覺是接近退休年齡的阿姨，但還是努力招客，希望路人願意光顧他們的店。

再靠近一點看清楚，午餐時間，店內竟然只坐了一桌，比起民信路，這種黃金時段都坐滿人，有學生，有上班族，甚至背包客。

沒多久，她看見長山路的女店長走出來，只見她苦口婆心的勸兩位發傳單的阿姨回店裡休息，店長則繼續把傳單發出去，同時，她也看見正在休息的壽司師傅也是一個長輩，愁眉苦臉的看著墻上的時鐘。

她覺得很不好受，這些人即將失業，而他們這年紀，要是可以退休早就不做了，肯定是還有負擔，才會選擇努力撐下去。

你也可以說她的內疚是不必要的，但畢竟是因爲她的民信路「風之城堡」，長山路才會面臨停業。

她沒把自己看到的告訴員工，那幾天一直說服自己：「沒有什麼我可以做的，不能怪我，我也有我的員工要負責。」

手機響起，是一個陌生號碼。

「妳好，我是長山路的店長，佩姐。」

「啊，佩姐，妳好。」她很驚訝，難道昨天的暗中觀察被發現了？

「我就直接說了，剛才跟總店通電話，希望他們別裁掉我的員工，至少可以安排他們去別家分店，雖然我的員工平均年齡都五十五歲了，但他們工作態度很ＯＫ的，生意不好和他們的表現無關，是我不會經營……」

「別這麼說，是經濟不好，我這裡也沒有很好。」

「不會啊，我聽說妳是民信路的『招財貓』呢，在妳還沒上任店長前，民信路的業績也沒有很好，但妳一來之後就不一樣了，我也希望有這樣的本事。」

「佩姐妳也很努力。」

「應該的，大家都要生活，我打給妳的原因是，我有個請求，如果總店問起妳那邊需不需要額外的人手，希望妳可以考慮我的員工，謝謝妳。」

「我會的……那佩姐妳呢？」

「我可以去當外送員呀，別擔心。」

掛了佩姐的電話，她腦袋一片空白，然後走出店門，到街道的某個角落，哭了。

哭完後，她主動打電話給總店，說她需要新增員工，別的地方調過來的也可以，但無奈總店表示，每家小店四個員工已經是極限，不可能再增加。

換句話說，長山路的長者員工們，沒有機會去別的分店繼續工作了。

這天，壽司店打烊後，大家都離開了，她上報營業額後，卻選擇留在店裡。

她心腸軟，自嘲自己不是做大事的人，因爲做大事的人不會替對手煩惱。

望著收銀檯上的招財貓，她突然想到了什麼。

「對，也許，可以……」於是，她打了一通電話。

三個月後，總公司發了一封電郵，寫著：

「儘管景氣依然低迷，但從這三個月的良好表現看來，西區『風之城堡』的前景依然看好，所以民信路和長山路，請繼續營業下去，一起加油。」

得知消息後，民信路的員工就一聲歡呼，然後繼續幹活。
長山路的反應就不一樣了，知道這個好消息後，大家都激動的抱在一起，店內的熟客也替他們開心。
而店長佩姐，已經哭成淚人兒。

#故事未完請繼續

三個月前的那晚，「對，也許，可以……」於是，她打了一通電話給從事房仲的男朋友。

「你之前說幫一家日商公司的日本員工找房子，找到了嗎？」

「還沒呢，這幾天就是忙這個才沒時間陪妳吃飯，我呀，忙著帶他們的人事部去看房子，日本人的要求挺高的，要不是看在他們需要十五個單位的份上，我早就不服務他們了。」

「有沒有考慮長山路那一帶？」

「長山路？那邊挺冷清的……」

「日本人喜歡安靜，那邊很適合，那天我去長山路，發現還挺多出租中的房子，應該有很多單位，你就安排一下吧，你不是都說我是你的招財貓嗎？相信我。」

「喔，好啦，我就試試看，我大概知道妳在想什麼，妳啊，好人一個。」

於是，男朋友就帶那些日本客戶去長山路看房子，結果，日本人真的很喜歡那邊。略懂日語的她也跟去了，負責幫男朋友翻譯，離開長山路前，她還特地帶大家去長山路的「風之城堡」午餐。

日本人對老壽司師傅的手藝讚不絕口，直說有老日本的味道。

「謝謝妳啊，我今天的營業額創新高了。」

佩姐是眞的很感動，明明是對手，她卻帶客戶來光顧。

「畢竟大家同公司，就該互相幫忙，而且我是招財貓呀，招財小事一樁。」

於是，好事萌芽了，隔天，租房合約成交。很快的，這一區熱鬧起來，長山路「風之城堡」的營業額也漸漸有起色，因爲那些日本人常常一家大小來用餐。三個月後，業績雖然沒有民信路好，但也只少一點點而已，足以讓他們繼續營業了。

她的手機響起，是佩姐打來。

「謝謝妳，我知道妳做了什麼。」佩姐哽咽的說。

她還沒來得及說什麼，電話那頭傳來好幾個人的聲音，他們異口同聲說……

「謝謝妳，民信路的招財貓！」

島主真心話：

相信我們都有善良的一面，因為我們都希望看見的每張臉孔是幸福快樂的。能力不大，沒關係，做好可以做的，能力小，一樣可以很偉大。謝謝你，各路招財貓。

浦叔的泡麵

「抱歉，這位先生，我們快打烊了，您已經想好要買什麼了嗎？」便利店的女店員禮貌的問站在各種泡麵前很久的男子。

「不好意思，我……沒要買。」說完，他轉身就走。

到了離便利店不遠處的巴士車站，他無力的坐下來，嘆了一聲。

「這位先生……」回頭看，叫他的人是剛剛那位女店員。

「這些泡麵，你拿去，送你的。」女店員把一整袋泡麵交給他。

「啊，爲什麼給我？」

「老闆說，請你吃。」

「老闆？老闆有在店裡嗎？」

「老闆不在，他是透過店內的監視器畫面看見你的，他身體不好，在家休息，沒事做就會看一下監控。」

「嗯……」除了嗯，他說不出話了，因爲淚水快要潰堤了。

他已經好幾天沒吃過東西了。創業兩年，一年前被大客戶欠債，客戶公司倒閉，他的財務陷入危機，能幫他的親戚朋友都幫了，但他還是無法翻身。上個星期，車子被銀行收回，房租也欠了兩個月，人生中的谷底，差不多如此。

這天，搭公車去見一個客戶，客戶的公司就在以前讀的大學附近，這客戶如果願意下單的話，他至少就有錢周轉一陣子，結果，還是被拒絕了。

幾乎身無分文的他，想到了這家小小的便利店。

便利店老闆浦叔是個好人，大學時代，浦叔在店裡的泡麵區放了一個牌子寫著：

「如果你有困難，餓了就拿泡麵回去吃，不需要說什麼，請以後幫助更多人。」

當時，很多來自貧困家庭的大學生都受惠過，這個舉動眞的幫助了很多人，老闆也從來沒去過問低頭拿泡麵的學生，更不會去問學生拿了幾次，拿了幾個泡麵。他，就曾經拿過。

「浦叔，這個月我家人的錢寄晚了，我先拿一個，到時候再還你。」

那年十九歲的他，第一次拿的時候這樣對浦叔說。

浦叔只是微笑點頭，兩天後，他眞的來還錢，還對浦叔說：「浦叔，等我以後創業成功了，我會回來贊助你，學生拿的泡麵全都算我的。」

「呵呵，好啊，浦叔等你。」

五年後他回來了，只不過他離成功還很遠，雪上加霜的是，泡麵區那個牌子不見了，所以他才掙扎了很久，沒想到被老闆發現了。

「代我……謝謝……浦叔……」

「嗯，好的，加油。」女店員說完就離開了。

那一晚，他吃了泡麵後，元氣滿滿，不再沮喪，還花了一整晚思考自己的創業模式，他告訴自己，不能讓浦叔失望。隔天早上，奇蹟發生了，他接到昨天那位大客戶的電話，決定和他合作，生意額度大過他之前談的。短短一個月內，他的生意復活了，雖還不至於賺大錢，但至少穩定了，三餐也沒問題。

這天，他來到便利店，還帶來水果和一些保健品，準備答謝浦叔。

「這些，可以幫我交給浦叔嗎？」他對女店員說。

「是你？你還好嗎？」女店員眉宇間散發著淡淡憂傷，但語氣溫暖。

於是，他把過去一個月如何逆襲，簡單告訴女店員。

女店員聽著聽著竟然哭了，他不敢再說下去。

「我爸……知道的話，會很開心……」原來，她就是浦叔的女兒。

「浦叔是你爸？他怎麼了？」

「兩個禮拜前，心臟病發，走了。」

她一直以來就很反對爸爸做這些慈善，小小的便利店其實沒怎麼賺錢，免費泡麵幫了不少人，但並沒幾個記得感恩，所以她堅決要把那個牌子拿走。浦叔年紀大了，便利店已經交給她負責，所以牌子的事情，他無法干預，但他一有空就會從家裡用平板看便利店的監視器畫面，看見有可疑人物（需要幫忙的人），他就會打電話叫女兒送泡麵，就像那天對待他一樣。

「沒事，對不起，那天我態度沒有很好。」

「不怪妳，畢竟我不是學生，再回來拿泡麵也太丟臉了。」

「不，我爸說，誰都必須幫，希望你以後的日子，越來越順心如意。」

他離開前，回頭看這間又小又舊的便利店，仿佛看見浦叔的身影，正在對他招手微笑。

#故事未完請繼續

PU SU
812

「阿俊，你開口吧。」

「不……我不敢。」

「我也不好意思啊。」

「那怎麼辦？我們已經餓了半天了。」

「這牌子不是寫著不需要交代，直接拿就對了。」

「但我真的很不好意思。」

多年後，翻新後的便利店，泡麵區站著三個手拿著泡麵的大學生。

「好吧，我去說。」

其中一個厚著臉皮來到櫃檯，對老闆說：「老闆，我們向你借三個泡麵，過幾天還你，可以嗎？」

老闆把報紙放下，直視他們，大學生頓感心虛，都低下了頭。

「不可以。」

「喔，對不起，我們把泡麵放回去……」

「我是說不可以只拿一個，再多拿幾個泡麵、餅乾之類的，拿了就走，不需要告訴我。」

大學生很感動，臨走前對他說：「老闆，以後我們發達了，會回來贊助更多的泡麵。」

老闆只是微笑，看著大學生的背影，他想起曾經的自己。

「你啊，越來越像我老爸了。」老闆娘笑著說。

島主真心話：

也許有人會說，這故事太過美好，一點都不真實。

但島主想說，世界已太真實，故事為何不可美好？

晚安，好人。

Island 3

淚水製造機島

入島須知：

所有感情問題一律建議牽手，

牽手來到這座孤島，看看別人怎麼走，

有沒有比你更狼狽，有沒有找到一絲絲安慰，

對了，如果你帶太多紙巾入島，

而離島時還沒用完，可以到櫃檯兌換幸福點數喔。

世界上第二寂寞的人

他一個人住，一個人生活，一個人喜怒哀樂，他說他是世界上第二寂寞的人，爲什麼不是世界第一呢？

因爲他覺得，世界那麼大，肯定會有人比他更寂寞吧，除非沒有這個人。

這一天，他心情特別不好，因爲是情人節，很多餐廳不歡迎一個人去用餐。

「單身的人在情人節都會餓死吧！」他生氣的對店員怒吼。

「你可以外帶啊……」店員解釋。

「外帶你的頭！」兩個人吵了起來。

回到家，他邊吃杯麵邊望著漫無邊際的星空，「總有一顆星球適合我這種寂寞的人住吧？」這時，某顆星星閃爍得特別耀眼。

隔天，他接到一個推銷員的電話：「什麼？飛去『不寂寞星球』的火箭配套？」

不寂寞星球是個傳說，傳說在那裡，所有寂寞的人都會找到快樂，傳說在那裡沒有情人節，更沒有情人節套餐。

「好，我下單。」

就在當天晚上，花了他全副身家買的火箭配套送到了。他照著說明書，用一個晚上把火箭組裝好。

「OK，地球再見！」他在火箭裡向地球道別，「按鈕呢？」

啊，原來發射按鈕在小型控制台上，小小的火箭裡容不下控制台，也就是說，必須有一個人幫忙按下發射按鈕。

「找一個朋友幫你發射吧！」說明書上這樣寫著。

問題是，去哪裡找一個朋友啊？對他來說，交朋友比組裝火箭還難，如果他懂得如何交朋友就會有朋友，有朋友還需要去寂寞星球嗎？

他嘗試上網訂購一個朋友，但沒賣。怎麼辦？寂寞星球正在呼喚他，火箭都準備好了，就只差一個按鈕。於是，他翻開日記，查到過去十二個月和他聊超過三句的人……竟然是……他！

「你可以送我上太空嗎？」

「蛤！」對方傻眼。

原來，過去十二個月裡和他聊超過三句以上的人，竟然是那位不讓他在店內享用情侶套餐的店員。不擅長溝通的他，解釋了老半天，店員才聽明白。

「你先爲那天罵我而道歉。」爲了離開地球，他照做了。

於是，他把店員帶到火箭發射地，結果發現火箭被一群不知道哪裡冒出來的野狗野貓弄壞了。他心灰意冷，欲哭無淚。

「唉唷，不就照著說明書裝回去就好了，我是電子工程系的，我幫你修理。」那個店員邊說邊開始動手。他望著店員像看著救星一樣，一臉感激。兩人就這樣忙著修理和組裝火箭到天亮。

「你確定在不寂寞星球，所有的寂寞都會被治癒嗎？」

「不確定，但在這世界，我是第二寂寞的人。」

「第二而已嘛，也許第一的人都還沒去呢。」店員這句話打動了他。

其實，一起努力修理火箭的幾個小時裡，他沒那麼寂寞了，他覺得如果火箭一直修不好的話，似乎也不錯……

「OK，修好了，你進去。」

「OK……」

就在他關上門前，店員問：「你這樣一走，是永遠不回來了對嗎？你在地球還有什麼留戀嗎？有的話，現在就要說了。」

他想了想，然後搖頭說沒有。

「你先別飛，等我。」店員說完就匆匆離開。沒多久，店員帶著一套那天餐廳裡推出的情人節套餐回來。

「我幫你準備了和那天一模一樣的情人節套餐，我們一起吃吧！」

兩個人就這樣平靜但幸福的吃了一餐，過期情人節套餐。

「還有紅酒呢，你帶走吧，萬一不寂寞星球沒有紅酒。」

於是，他把紅酒帶進火箭裡。門關上後，他望著正準備按發射的店員，發現店員也正望著他。兩人對望了很久，很久。

他深呼吸，然後打開門，問道：「你叫什麼名字？」

「不重要，你走後，我就叫『世界上第二寂寞的人』。」

#故事未完請繼續

「我可以叫你『朋友』嗎？」

店員笑著點頭。他從火箭走出來，兩人擁抱。

突然，一隻野貓從火箭後面冒出來並伸出貓爪，按下火箭發射按鈕……

火箭升空，抵達不寂寞星球，有個人打開火箭門，看見裡頭是一瓶紅酒，寫著：

給世界上所有，其實並沒有那麼寂寞的人，乾杯。

傷心廚神

「十分滿分，你給幾分？」

「十分……」

「真的那麼好吃？那我以後多煮……」

「十分難吃……」

「哼！臭老公！」

婚前從未下廚的她，新婚後第一次進廚房。

「妳在廚房門口掛這個幹什麼？」

「不會讀喔，這是意見箱！」是一個類似信箱的透明箱子，寫著「意見箱」。

「蛤？」

「就像餐館的意見箱，不管你喜不喜歡，我永遠都會煮給你吃，我會不斷進步，但是你太不會說話了，給的評語很傷人，所以你用寫的。」

之後，他果然都用寫的，告訴她菜炒焦了，雞肉沒熟，湯太鹹之類的，都給一顆星。

也許她對烹飪眞的很沒有天分，但每一次都認眞看他的回饋，每一張都收著。

「哇，臭老公，難得這次的評語那麼善良，只說我的飯太硬，是不是我有進步了啊？」

「我不是寫了嗎？『不錯，繼續努力』。」

「那你可以給我五顆星嗎？」

「五顆星太多，三顆差不多。」

「小氣，好，你寫下去。」

他在意見紙上畫了三顆「心」，三顆愛心。

這天，她從早上開始忙，煮了幾道他愛吃的菜，每一道自己試吃都覺得超美味，就等他下班回來給五顆星。但她沒等到……

電話響起，是警局打來，說她的先生在下班途中遇上車禍，走了。

她傷心欲絕，覺得世界不再有任何値得開心的事情，靈魂已經被奪走一半。然後，用了很久很久的時間，才慢慢走出來。

她並沒有因爲這樣而放棄烹飪，每天依然自己煮給自己吃，每一道菜都發在臉書上。因爲每一次在廚房忙著的時候，她就幻想他正在下班途中，正要回來吃她煮的飯菜。

「阿玲，妳眞的好會煮，每次看到妳放在臉書的食物，我們都流口水了。」

十年後，依然單身的她出社會工作，這天，同事稱讚她的菜。

「這個週末來我家，我煮給你們吃。」

她是鼓起很大勇氣才敢邀請的，她很久沒煮飯給別人吃了。

週末，來了一票同事，有些還帶小孩來，她開始忙了。

「哇，以爲只有賣相可以，原來眞的那麼好吃啊！」

「喂，阿玲，妳當什麼秘書啊，開餐廳啦！」

大家讚不絕口，誰能想到很久以前，她是一個連煮飯也會燒焦的人呢。

「阿玲啊，志傑今天因爲出國工作沒來，呵呵，妳失望嗎？」

「阿玲啊，我覺得你們兩個很登對，他好像也喜歡妳。」

「對呀，阿玲，考慮一下他吧。」

同事們一直撮合她和志傑，她對志傑也有好感，只是……她還放不下他。

志傑從國外打電話來：

「大家都說妳是廚神，可惜我不在，要不然下個星期再聚一次吧……」

她冷冷的說：「再看吧。」就把電話掛了。

#故事未完請繼續

傍晚，同事們一個一個接著離開。

「弟弟，你在做什麼啊？我們要回家了。」

其中一個同事讀小二的孩子，正在桌上寫功課。

「媽，等一下。」小孩站起來，拿著一張紙來到廚房門口，走到那個幾乎沒人發現的……透明箱。

「阿姨，這是意見箱對嗎？我在外面餐館門口看過，媽媽說是給意見用的……」她很驚訝，因爲很久以前就把「意見箱」三個字擦掉了，但還是被這個小孩發現了。至於箱子，她一直沒拆，是因爲不捨，曾經每天都在等著奇蹟發生，期待收到來自他的五顆星。

「阿姨，妳的可樂炸雞很好吃，我給妳五顆星……」小孩說完，把那張意見紙放進意見箱，那一刻，她忍不住哭了，她抱著小孩說，謝謝。

一個星期後，在她家。

「十分滿分，你給幾分？」

「十分……」

志傑接著說：「十分好吃。」

十七歲的老人

老人臨死前許願，希望能回到十七歲那年的某一天，天使答應了。睜開眼，十七歲的老人發現自己穿著校服，身在教室。所有同學正圍著校花副班長，因爲她手上捧著一束匿名送的百合花。

「喂，班長，是你送的嗎？要表白就趁現在喔！」

十七歲老人就是班長，所有人都笑嘻嘻的望著他，副班長則臉紅低著頭。班長看了一眼副班長，深呼吸，然後說：「不是，不是我送的，我和副班長只是朋友。」

全班都很驚訝，因爲大家都說他們是一對，一直喜歡他的副班長聽到他否認後，也非常失望。

「阿華，我知道花是你送給副班長的，承認吧。」

班長突然對隔壁座的阿華說，阿華害羞得想逃走，但被同學們擋住了，逼他承認。平時就很安靜的阿華這時更加沉默，大家也沒辦法，只好繼續上課。

班長小聲的對阿華說：「我來自未來時空，在我的那個時空，我撿便宜的承認那束花是我送的，因爲我也喜歡她，接著，我和副班長眞的在一起，交往了三年。」

「三年？這麼短？」

「因爲三年後，她得了壞血病，走了。」

「啊！」

「她走後，每年忌日我都去墳前送花，但每次都有人比我早一步，把她最愛的百合放在墳前……終於有一年，我天一亮就到，想看到底是誰……結果發現是你！」

「什麼？」阿華快哭了。

「多年來，你一直沒有放下她，一直單身，一直愛著她，你一直很遺憾今天沒勇氣承認花是你送的！」

阿華聽到這裡，很激動的站起來，完全沒把正在講課的老師放在眼裡，對著副班長喊話：「花是我送的，我喜歡妳！」

副班長嘟嘴，生氣的說：「神經病……下課再講啦……」

全班哄堂大笑，阿華不好意思坐下，發現班長已經不見了。

#故事未完請繼續

護送老人往天堂的路上，天使笑著對老人說：

「爲什麼你沒告訴阿華，副班長走後，你也一直保持單身呢？」

老人微笑。

某個瞬間，阿華發現班長的抽屜裡也有一束百合，卡片上寫著副班長的名字，還有一句：**Be my girlfriend**？

投降輸一伴

「我有一個好消息和一個壞消息要告訴你們。」

「先說好的。」他放下吉他，準備聽好消息。

「爲什麼不先聽壞的？」她把筆電放一旁，準備聽壞消息。

「我先說好消息，你們的歌〈投降輸一伴〉，NOSY唱片公司要買下來……」

「眞假？終於破蛋了！」

「太好了！NOSY可是大公司呢！」

他和她都很開心，兩人大學開始就一起寫歌，他作曲，她填詞，一直透過這個版權經紀去推歌，寫了很多很多首歌全都沒消息，賣歌不容易，所以這好消息太振奮了。

「等等，那……壞消息呢？」

「他們只要曲，不要詞。」

「什麼？！」他激動。

曲過，詞不過，這情況很常見，也未必詞寫得不好，就可能因爲歌詞方向無法配合歌手專輯概念，於是，唱片公司只買曲，再另找作者填詞。

「沒關係，也好，至少你的曲賣了。」她確實覺得可惜，但替他開心是眞的。

「對不起，我們不賣。」結果，他堅決的告訴經紀人。

「確定？這是難得的機會啊？」

「對呀，我OK的，眞的，別錯過機會。」她勸他。

他深呼吸後說：「詞曲不能分開，這是我們共同的心血！」

這樣的革命情感讓她有點感動，他們只是好朋友，但大家都覺得他們遲早會在一起，而她也開始喜歡他。

「唉，你確定不會後悔。」經紀人失望離開後，她這樣問他。

「是好歌總會找到知音，我們是戰友，我們共同進退！」

是好歌總會找到知音，是愛情就演不了友情，沒多久後，他們眞的交往了。

他們寫的歌，也累積了大概有兩百首，依然一首都賣不出。

「也許，我眞的不是寫歌的料。」這一天，情緒一來，他說了放棄。

「怎麼可能不是呢？要不是我的詞拖累你，你的曲早就賣了。」

「唉。」日子一天天過，他寫歌的熱誠也越來越冷了。

「我作了一首詞，你要不要試試看譜曲。」身爲女朋友的她，當然希望男朋友振作起來。

「不了，我連吉他都快不會彈了，你還要我寫歌，面對現實吧。」

但她知道，他並沒有面對現實，他是滿滿的沮喪。

有一次，她看見他夜裡邊喝啤酒邊彈唱那首〈投降輸一件〉，只不過，還沒唱完就哽咽了。

爲了鼓勵他，有寫有希望，於是，不擅長樂器的她幫自己寫的詞作曲，然後用哼唱的方式錄下來，交給經紀去投稿。

世界上所有的事情還眞像是註定了一樣，還沒等到奇蹟發生，他突然說要去澳洲的果園工作，而且，並沒有要帶她一起去的意思。

她很難過，試著挽留，但他給了一個無懈可擊的理由。

算是，提分手了。

「對不起，我只想離開這個地方，我懷疑自己有憂鬱症，想去別的地方重新開始。」然後，他就飛了。

她哭了三天半，接下來就努力生活了，她愛他，但當愛只剩下一個人的事，基本上，幸福已經沒有你的事。

半年後，她在旅行時認識了一個在油井工作的男生，兩人交往一年，她懷孕了，他求婚了，那一刻，她覺得幸福應該就是這樣子。

這天，天空很藍，雲很白，雲的形狀像在問她：

「我有一個壞消息和一個好消息，妳要先聽哪一個？」

經紀人打來：「恭喜妳！妳作詞作曲的那首歌，被天后Felizia買下，還會是她接下來世界巡迴演唱會的主題曲呢！」

她激動得快哭了，趕緊把這個好消息告訴正在工作的未婚夫。

但這天的壞消息是……未婚夫工作的油井出了意外，就這樣走了。

她哭了三天半，接下來就努力生活了，她愛他，但身體必須顧好，胎兒必須順利產下，孩子必須好好養大……

也許本身經歷了悲劇的關係，她的歌越寫越好賣，大家都搶著要她寫的歌。

她常常開玩笑對人家說：「就幫孩子賺奶粉錢而已。」

孩子出生後沒多久，天后Felizia爲了感謝她寫了一首金曲，特地邀請她一起去世界巡迴演出，當作旅行。

她答應了。

澳洲雪梨站，Felizia安可三次，全場大合唱那首歌時，她在VIP席哭了，所有回憶像厚臉皮的老朋友一樣，沒按門鈴，就直接開門進來找她了。

演唱會結束，她一個人在唐人街遊蕩，被一家民歌餐廳傳來的歌聲吸引，這把聲音很熟悉，這首歌也很熟悉，因爲，是〈投降輸一伴〉！

看清楚後，台上正是作曲人的他在演唱。她走進這家滿座的民歌餐廳，點了飲料，坐在離小舞台很遠的位子，默默欣賞他，自彈自唱這首全場沒人聽過的歌。

但他唱得很好聽，一如既往的充滿感情，唱完，大家都鼓掌，也有人打賞。

「哇，老闆親自獻唱喔。」

「好聽啊！」

「再來一首。」

原來，這民歌餐廳是他開的。她站起來，一步步往他的方向走去……

#故事未完請繼續

「媽咪，這把吉他是爸爸的嗎？」七歲的孩子在儲藏室找到一把舊吉他。

「不是。」

「那是誰的呀？你看我會彈……ROCK～」

她微笑，然後催促孩子快去吃飯做功課，明天學校還要見家長呢，而她將會一個人去。她，依然單身。

七年前，民歌餐廳，就在他和她距離只差五步時，她趁他沒發現就轉身離開。

他們，沒有相認。

離開前，寫了一張紙條請店員交給他：

「是好歌總會找到知音，願安好，我曾經的戰友。」

島主真心話：

愛是共同進退？還是知難而退？

我說愛是，誰先幸福都無所謂，

晚安，我曾經的，戰友，多位。

神奇的咖啡機

星期二，外面下著雨。

從停車場到醫院門口有一段距離，沒帶傘的他被雨淋濕了一身。他走到病房入口，和昨天、前天一樣，該說是每天都一樣，會先在走廊的現煮咖啡機停下來，買一杯咖啡。把硬幣投進咖啡機時，他都會默念：

「悲傷就寄放在這裡，現在我是樂觀的、萬能的、打不死的、可靠的。」

咖啡機把咖啡沖好了，是熱的但他喝得算快，一喝完就換了另一張面孔，推開病房門……

「我的美女，今天過得怎樣？有沒有趁我不在時跟醫生放電？

「老婆今晚想吃什麼？我下班後帶來，遠一點也沒問題，妳想吃的都買給妳。

「我的工作？不忙，但最近幾個項目都進行得不錯，客戶在老闆面前說怎麼還不升我當經理呢，哈哈。

「黑眼圈？哈哈，昨晚玩手遊玩太久了……同事介紹我這個手遊很好玩，一起組團打Boss，很刺激。」

他一直說一直說，直到上班時間差不多了，他才離開。

離開時，他不經意會看一眼那台現煮咖啡機，也把之前暫時寄放在咖啡機的心情拿回來，心情頓時又變成和外面的天氣一樣的……深灰色。

他悲傷當然有他的原因。太太的手術將會在一星期後進行，而醫生說這手術只有30%的成功率，但如果不動手術的話，可能過不了聖誕節。

起初，太太不能接受這個打擊，非常難過和絕望，甚至不肯配合治療，是他一直鼓勵，一直陪伴太太。所以，他讓自己像個太陽，散發無限的正能量。

事實是，他並不好，他的擔心和難過沒有比太太少。

「小張，我知道你家裡有事，公司都盡量配合你的上下班時間，但你總不能一直做錯事，客戶都被你弄丟幾個了，要不要考慮休息一個月？」

老闆前天才這樣說，無薪假一個月對現在很需要錢給太太治病的他是個惡夢，他當然拒絕了，也答應老闆會打起精神工作。

偏偏他每晚失眠，什麼玩手遊都是假的，每晚都抱著計算機算醫藥費生活費存款餘額之類的，會好眠嗎？

「咖啡機，給我一杯喝了能量滿滿的咖啡，可以嗎？」

他朋友不多，於是，不知何時開始對咖啡機說話。而每一次投入硬幣，就像把硬幣投入許願池一樣。

「我好累……我快不行了……你知道嗎？」

「但我不可以倒下來，我不可以。」

他背靠著自動販賣機，機身是溫熱的，感覺到一絲溫暖。自言自語，也像對咖啡機訴苦後，他就推開病房門，秒變成另一個人似的，無微不至的照顧太太。

「老公，明天是你生日，你下班後就不必來看我了，跟朋友去慶祝吧。」

「眞假？謝主隆恩！哈哈……同事們約我去KTV，但我不去，沒啥好慶祝的。」

「去吧，我沒事，這裡的護理師都很好，你放心去玩吧。」

爲了不讓太太不開心，他勉強答應。但同事根本不知道他生日，隔天下班後，他買了蛋糕來到醫院。停在走廊的現煮咖啡機前，點了一杯黑咖啡。他把蛋糕拿出來給咖啡機看。

「今天我生日，來給太太驚喜。」邊說邊戴上紅色的生日帽。

「謝謝你一直以來聽我訴苦，也一直讓我寄放我的負面情緒。

「蛋糕請你吃，哈哈。」然後把另一個生日帽放在咖啡機上面，傻笑，覺得自己怎麼把機器當成朋友了。

他喝了咖啡，今天心情還可以，以爲不需要變臉……結果，推開病房門後，看見太太不在床上，他的臉還是變了。

原來五分鐘前太太的病情突然惡化，緊急送進手術室了。雖然早有最壞的打算，但此刻的他還是不知所措。一般人都會在手術室門口等，而他卻來到有咖啡機的走廊，把硬幣放進機器裡……

「我的生日願望，就是太太完全復原，只要她好起來，往後餘生的生日，我都不許願了。」

他拿著咖啡，也不喝，就坐靠在咖啡機旁，想著和太太從第一次見面到婚禮的樣子，想著想著，睡著了。不知過了多久，迷迷糊糊中有個聲音從他腦後傳來：

「沒事了，都過去了，快去見你太太吧。」

他驚醒，看看四周，走廊上除了他並沒有其他人。他不多想，馬上往手術室方向跑去。

「張先生，您太太的手術非常成功！」醫生這句話，是他這幾個月來聽過最好的消息。

「暫時在加護病房觀察一晚，一切正常的話，就會轉到普通病房，估計四天後可以出院了。」

「謝謝醫生，謝謝。」他的眼淚奪眶而出。

安頓好太太後，他回到那個走廊，望著那個戴著生日帽的咖啡機良久……

「剛才的那個聲音……難道……」

臨走前，給了咖啡機一個，奇怪但很溫馨的擁抱。

#故事未完請繼續

一個月後，帶出院兩個星期的太太回醫院複診。
等配藥時，他回到那個熟悉的走廊想買一杯咖啡，想見見那位「朋友」。
結果，咖啡機消失了。
「護理師，原本這裡的那台咖啡機呢？」
「咖啡機？喔，大概一個月前就壞了，總公司拿回去維修，到現在還沒送回來呢，你要喝咖啡嗎？二樓有一台喔。」
他沒去二樓買咖啡，他對著原本放咖啡機的位子，說了一聲：「謝謝。」

過氣大胃王

他是一個過氣大胃王。

三年前，他被醫生警告不准再比賽後，就淡出大胃圈，沒有比賽就沒有獎金，也沒有人氣，也失去了上綜藝節目的通告費。

「醫生，你說我可以復出了嗎？」

生活越來越不穩定，他只好再去讓醫生檢查一次。

「對不起，報告出來了，你的腸胃還沒完全康復。」

「那還要大概多久？」

「你硬要再參加比賽嗎？還是一樣會出事的啦。」

「醫生，我爲吃而生，這輩子只有『大胃』這個榮譽，請你替我想想辦法。」

「好吧，我會開一些藥給你，三個月後，再給我檢查一次，沒問題才能參賽，還有，後果自負。」

他答應了，接下來的日子準時吃藥，也特別照顧身體，控制好三餐。

三個月後，他復出了，參加一個小型比賽，看誰最快吃完一百顆水餃。他的出現還挺轟動的，大家都想知道這個曾經創下十分鐘吃一百個漢堡紀錄的人，休息三年後，是否比從前厲害。

「三、二、一，開始！」

結果，才吃了三十個水餃，他的肚子就開始痛，還忍不住作嘔。在比賽時嘔吐是大胃王的恥辱，所以這天之後，大胃圈的人在背後嘲笑他，就算他再比賽，也沒人把他當一回事了。

「爸，你怎麼又去比賽啊？」和前妻生的十七歲女兒來醫院探望他。

「就去吃免費水餃而已。」他嘴硬，但內心很開心，因爲他復出的另一個原因是，希望可以讓這個和媽媽生活而與他感情越來越疏遠的女兒，覺得有個很厲害的爸爸而驕傲。

「你再因爲參加比賽而住院的話，我不會來看你了。」

「喔，媽媽還好嗎？」

「很好，去新加坡出差了。」

「啊，那妳一個人在家嗎？有人照顧妳的三餐嗎？」

「有，張叔叔有幫我安排……」張叔叔是前妻的男朋友。

「喔。」

「爸，我生日快到了，你記得嗎？」

「當然記得呀，八月三十一日，妳想要什麼禮物？我買給妳。」

「不，爸，我只想再和你去吃一次喜樂天大飯店的自助餐，據說喜樂天快停業了……」喜樂天大飯店的自助餐有著他們一家人的快樂回憶，女兒十歲生日就在那兒慶祝。

「九月中，媽媽就要帶我移民去新加坡了……」

想到之後不知道要等多久才能見到女兒，就莫名傷心，於是他答應女兒。

「喂，下星期的年度漢堡大胃王，眞的不參加嗎？你可是三年前的冠軍，醫生不是說你的腸胃沒問題了嗎？」死黨阿慶替他拿了表格。

「不參加了。」醫生的確證實他的腸胃ＯＫ了，這段日子他也找到西餐廳廚房的工作，每天都在倒數女兒的生日大餐，女兒生日正巧和大胃王比賽同一天。

「獎金是以往的三倍呢！」他似乎被這句話打動了。

左思右想後，他聯絡了主辦單位……

八月三十一日當天，比賽會場人山人海，參加人數更是破了往年紀錄。

「女兒啊，爸有點事，會稍微晚到喔。」他發訊息給女兒。

女兒隱約覺得不對勁，於是上網查了，知道今天是大胃王比賽，她嘆了一口氣，然後前往比賽地點。想到爸爸不聽勸又參加比賽，心裡很難過。

來到人擠人的會場，已經站滿了參賽者。

「爸！」女兒看見他，並把他叫住。

「女兒，妳怎麼在這裡啊？」

「你不是答應我了嗎？為什麼你就是不聽勸！就是因為你這樣的個性，媽媽才會離開你，你現在是連我也想失去嗎？」

「女兒，不是的，妳聽我說……」

「你太令我失望了！」女兒哭著準備離開。

「喂，阿雄哥，你還不快把漢堡送去，比賽快開始了。」這時，大會的工作人員這樣對他說。

女兒覺得奇怪，爸爸不是來比賽吃漢堡的嗎？怎麼變成送漢堡了？再看清楚，爸爸身後是他的死黨阿慶，正忙著把一箱箱的漢堡從貨車搬下來。

「女兒，爸不是來參加比賽的，而是聯絡了主辦單位，說爸爸工作的餐廳要包辦比賽的漢堡，所以爸現在是在工作呢。」

「眞的嗎？你不是很想贏回這個榮耀嗎？」

「大胃王小胃王，都沒有和妳一起吃buffet重要。」

女兒很感動，緊緊的抱著他。

沒人理一個人忙得要死的阿慶……

#故事未完請繼續

喜樂天大飯店，他和女兒吃得很開心。

從前比賽，他只知道要吃得快，越快越好。和女兒這餐所謂「吃到飽」的buffet，他卻吃得很慢，希望時間永遠停留在這一餐。

「這位先生，打擾一下，我們飯店現在有個比賽，就是看誰最快吃完十個杯子蛋糕，第一名有獎品呢（指著櫃檯上的樹懶毛絨公仔），你有興趣的話，請到前面來。」店員說完後，又去別桌找願意參賽的顧客了。

「女兒，放心，爸不會參加的。」

「我要那個獎品，好可愛！」

「好，爸去幫妳贏回來。」結果，他破了喜樂天飯店吃十個杯子蛋糕的紀錄。

女兒飛新加坡那天，還抱著那個樹懶公仔上機呢。

島主真心話：

願意為了你，鼓起勇氣改變，這不是愛，是什麼？

晚安，大胃王，不，是大無畏王。

預言帝

「我在這個森林找你三年，終於給我找到了，他們說你是預言帝，我可以問問題嗎？」

「是的，我可以看見未來並回答你三個問題。」

「三個？太好了！」

「但是，回答完之後，我會把你遇見我的記憶拿走，也就是說，你知道了關於未來的答案也沒用，你會忘記。」

「明白……但我還是想知道。」

「好吧，問吧。」

「我應該投資什麼才可以在短期內賺大錢？」

「半年後，無人駕駛飛機公司『GDJ』的股票將會大漲。」

「啊，謝謝……太好了。」

「沒有什麼好的，你不會記得啦，來，第二個問題。」

「嗯……那我想知道我可以活到幾歲？」

「你可以活到……七十八歲。」

「七十八歲而已嗎？唉……」

「最後一個問題，問了以後，我就刪除你的記憶了。」

「七十八……唉……七十八……」

「最後一個問題，快點問吧。」

「預言帝，是不是我永遠不問最後一個問題，你就永遠無法刪除我的記憶？」

「啊，是的……」

「那我不問了，再見！」

「等等，不可以這樣……」

「爲什麼不可以？你說的，問了三個問題後，才可以刪除我的記憶，我只問了兩個，你不可以刪除。」

「太狡猾了！」於是，他回到城市，把所有積蓄都買了「ＧＤＪ」公司的股票。果然，股票半年後翻了幾百倍，他賺了一大筆錢。

「怎樣？你還不問第三個問題嗎？」預言帝因爲還沒刪除他的記憶，跟著他回到城市，每天都出現問他同樣問題。
「暫時沒想到，想到了會問。」
「你利用我的預言增加自己的財富，會遭天譴的！」
他微笑不語，拿著拐杖慢慢走進兒子家。
「爸，生日快樂！」
「唉唷，替我慶祝生日喔？呵呵，我老了……」
「爺爺不會老，還有兩年才八十歲，祝爺爺長命百歲！」
「乖孫，爺爺只要你身體健康……」他摸摸坐在輪椅上的孫子額頭，一臉心疼這得了怪病的八歲男孩。生日會結束後，他把股票賺到的錢都給了兒子。
「爸，你怎麼會有這筆錢？」
「買股票賺的，你拿去醫兒子的病，讓他快點好起來，像其他小孩一樣……」
他千辛萬苦在七十七歲時找到預言帝，就爲了得到一筆可以幫到兒子和孫子的錢。只是他沒想到，自己只能活到七十八歲。

#故事未完請繼續

半年後，在醫院加護病房的他看來快不行了。

兒子和康復的孫子來和他見最後一面，他滿足了。

「預言帝，在嗎？」

「在，怎樣？要問第三個問題了？」

「嗯，問了之後，你就可以刪除我的記憶了，你也可以回到你的森林了。」

「問吧。」預言帝其實早就不生氣了，因爲他認爲他是一個偉大的爺爺，爲了醫治孫子的病，才想到這個辦法。

「我想知道……咳咳……我想知道……」

「慢慢說，你想知道什麼？」

「我想知道……明天會下雨嗎？」

預言帝笑了，以爲他會問什麼大問題，看來，他純粹是爲了問而問，好讓預言帝做該做的事情。

「明天，天晴。」

「嗯，很好……拿走我的記憶吧……」

他閉上眼，盡量在生命的最後幾分鐘，回憶孫子三個月前手術成功，一家人開心抱在一起的片段，因爲這些記憶都是在預言帝出現後發生的事情，預言帝有權利拿回去。

「預言帝，怎麼還不動手？」

他睜開眼，發現預言帝不在了。

他明白了。

「謝謝你，預言帝……」

他閉上眼，繼續回憶，直到心跳停止。

Island 4

後來
我們不敢說
後來島

入島須知：

這座島的日出特別長，和地理位置無關。

這座島的日落特別刺眼，也和天色無關。

這座島的路牌特別大，卻和你有關，

因為這座島不想讓所有曾迷失的人，再次陷入找方向的痛苦。

對了，這座島有個很搶手的導遊，他的名字叫「感覺」。

你就，跟著「感覺」走吧。

說好的每年交換禮物呢？

「說好的每年交換禮物呢？

「你別假裝沒聽見喔，不開口是吧，好，那我決定交換什麼吧，我們交換……

「交換身體吧！換我昏迷的躺在病床上，而你就去找朋友慶祝聖誕節。

「今年我不會限制你不可以喝酒，不可以超過十二點回家，今年沒有家規了，只要你開心。

「怎樣？老娘的禮物不錯吧！我有私心喔，我要變成像你現在躺著一樣，無憂無慮，不必每天工作後趕過來替你擦背、按摩、講話給你聽……我累了。

「所以，我想和你交換身體。」

她對著病床上的半植物人男友，自問自答，雖然平時也會這樣，但今天說得特別激動。

兩人是在四年前的聖誕派對認識的，之後每年的聖誕節都是兩人的紀念日，每一年都有交換禮物。今年看來不行了，因爲九個月前，男友在工地監工時出了意外，搶救回來至今一直昏迷。

她不離不棄的一直照顧男朋友，到了聖誕節特別難過。所以才會對他說起交換身體的要求。

「聖誕老人，你有聽到嗎？我要和他交換禮物……」說著，哭著，她在病房的沙發上睡著了。

早上醒來，看見醫生護理師圍著男朋友的病床進行搶救。她應該慌、應該害怕、應該擔心的，但不知爲何她出奇的平靜，也許早有心理準備吧。

五分鐘後，醫生對她說：「對不起，突發狀況，他的呼吸器出現故障，我們盡力搶救了。」

她沒有怨天尤人，靜靜看著這個不再需要她照顧的人，最心愛的人，輕輕地說了一句：「下輩子，聖誕節，我們再重遇，好嗎？聖誕節快樂。」

#故事未完請繼續

「聖誕老人，你有聽到嗎？我要和他交換禮物……」說著，哭著，她在病房的沙發上睡著了。

神聽到她的許願，於是，派了一個天使完成她的心願。隔天，陽光射進病房，他睜開眼。

「我……好了？我睡了多久？」他問了這個問題後，發現自己並不是在病床上，而是在病床旁的沙發。病床上的是他每天在睡夢中想念的女朋友。

交換禮物之交換身體，實現了。

「不！妳醒醒，爲什麼會這樣？？？」

「因爲這是她的願望，我們幫她實現了。」天使出現，並向他說明。

「我不……不能這樣對她，她還年輕，外面的世界還很美好，她不應該爲我的命運買單。」

「意思是說，你要換回身體？好吧……我現在就換回來。」

「等等……」難道他後悔了？想到難得可以「復活」，至少也要去外面走走，不然也不知道有沒有機會再醒來，不是嗎？

「天使，請給我一天的時間，再換回來好嗎？」

天使答應了。

於是，他離開醫院去買一份禮物，在卡片上寫了一些字。然後回到兩人同居的屋子，把禮物放好後，再把聖誕樹搬出來，將房子布置得和往年一樣有氣氛。

忙了一晚後，回到醫院，天使還在等他。

「天使，我買了一份禮物給你，是巧克力，請你吃。」

「喔，謝謝你，太感動了。」

「天使，除了換回身體，讓我女朋友醒過來，我可以有一個願望嗎？」

他把願望說了，但天使搖頭，他繼續哀求。

「天使，我該走了，我是不可能會醒來的，但她還有大好青春，我不要她浪費在照顧一個植物人，讓我們解脫吧，求你，天使。」

他的願望，就是希望天使讓他再次回到昏迷狀態時，呼吸器出現故障。

最後天使答應了，他也走了。

她從醫院回到兩人同居的房子，打開門，聖誕樹一閃一閃亮著。

「是幻覺嗎？」她記得今年並沒有心情布置。

桌上還有一份禮物，一張紙條，熟悉的字體寫著：

交換禮物囉，這是我的禮物，妳欠我一份禮物喔！
我要妳送我一個承諾，答應我餘生都會開心的過，好嗎？
我會一直都在，一直都愛妳。聖誕節，快樂。

島主真心話：

如果不能為最愛的人付出點什麼，
那你不配擁有幸福，
覺得這句話，很狠嗎？
我覺得，愛了又不深愛的人，才夠狠。

做偽朋友

「寫了一首歌，唱給妳聽好嗎？」
「好啊。」
他拿起吉他，開始唱：

拆　把禮物紙拆開
水晶球桌上擺
以後有人問它哪裡買
我只記得曾想過用來表白

愛　說時遲那時快
比別人慢半拍
難道他們都不想未來

還是太認眞的人注定被淘汰

我們做回朋友　做僞朋友
從此以後　藏好感受
在你左右　沒有要求

我們做好朋友　做僞朋友
搭你肩頭　帶點内疚
你很幸福　就很足夠

夜深時候　那水晶球
笑說差點陪我出醜
時間會走　我不會走
誰叫你是我的所有

「好聽嗎？」

「好聽……是寫給我的嗎？」

兩人是好友，很多人都以爲他們會在一起的那種，但並沒有，至少暫時沒有。

「不是……」

「眞的不是？就在我昨天告訴你，我接受Allen的追求後，你就寫了這首歌。」

「妳想太多了，眞的不是。」

「水晶球呢？」

「什麼水晶球？」

「你歌詞裡的水晶球啊？說原本要用來表白，你歌詞又說被人搶先一步了，你是說Allen嗎？」

「不是不是，我一向寫好歌就先唱給妳聽啊，我也唱過很多首情歌給妳聽啊，那時候沒懷疑，現在才懷疑，是妳的問題。」

「嗯……也對……那你今天約我來你家，就是聽你唱歌而已？」

「啊，是的，唱完了，妳可以走了。」

「還以爲你要請我吃蛋糕，那我走啦。」

她離開後，他沉默了一陣子。從抽屜裡拿出那顆粉紅色的水晶吊飾。

「對了，剛才那首歌的歌名是？」她突然折回來開門問他。

「啊！」他被嚇到手軟，水晶吊飾摔在地上，但沒有破。兩人對望了一眼，她慢慢走過來，撿起那顆水晶吊飾。

「做回朋友……」他低著頭說出歌名。

「不是〈做僞朋友〉嗎？」

「不是……」

她抱了他一下，然後說：「這水晶值得更好的主人，祝福你，我的好朋友。」

#故事未完請繼續

「寶貝，妳在看什麼？」

「沒什麼，就創作歌曲比賽直播啊。」

「妳以前也有創作對嗎？為什麼沒有繼續啊？」

「我不行啦，你別吵我看總決賽，你去玩你的遊戲吧。」

她拿著手機，一臉期待的看著最後一個參賽者上台。是他，多年沒聯絡的，那個不承認自己喜歡她的男生。他自彈自唱整首歌，全場最響亮的掌聲給了他。

「這位參賽者，你這首歌眞的很好聽……」資深音樂人講評。

「謝謝老師。」

「歌名是〈做回朋友〉，還是〈做僞朋友〉？」

他對著鏡頭，笑著說：「是〈做僞朋友〉。」她也笑了。

島主真心話：

人生一大無奈，你不缺朋友，卻很多人想和你只做朋友。
也許，問題在於你，對，你太好了，你不夠壞，
人們只和好人做朋友，卻對壞的人又愛又恨，
「恨」？為什麼恨？管他的，有「愛」就好。

單身魔王

「這位先生，你已經盯著我半小時了，我臉上有什麼問題？」

「嗯，你臉上沒問題才是問題。」

「什麼？你到底是誰？」

「我是管理地球愛情事務的神。」

「愛神？」

「你可以叫我丘老闆。」

他今年三十六歲，單身三十六年。他是個攝影師，諷刺的是，他專拍婚紗照，還特別有名。

今天，他在海邊負責拍攝一對準新人時，發現有個看不出幾歲的男子一直盯著他，於是，工作結束就過來質問這個人，想不到是愛神丘比特，丘老闆。

「啊啊啊，太好了，你終於下凡來指點我了，快，快告訴我幾時脫單？」

他，很渴望愛情。

「我的確是想給你愛情，其實，我們愛情部門爲你安排了好多段感情，但全部都沒開始就結束了，你記得小菲嗎？」

「當然記得，差點成爲我的初戀啊！」

「對，就在你約她告白那天，她去見你的路上遇見了更愛的人，於是，你告白的時候，她心裡只想著那個人。」

「所以拒絕我！我就覺得奇怪，明明好好的……」

「Charlene Chen，記得嗎？」

「大學女神！我的最愛……我們一起避雨，交換電話，看過電影……就在感覺來的時候，她就消失了。」

「她遇上車禍，失憶了，現在人在國外，忘記你了。」

「什麼鬼？好扯，偶像劇呀。」

「何止，接下來的語婷、一珊、Felicia……都失敗了，對嗎？」

「求求你，愛神，我自認這輩子沒做過壞事，難道就必須一直單身、領好人卡嗎？」他說到這裡，都快哭了。

「真的很奇怪，在我們的檔案裡，這些人都會和你開始交往，成爲戀人，之後分手，但至少你不是母胎單身，所以，我合理懷疑你是單身魔王轉世。」

「不要亂說，單身已經很慘了，我還是魔王！」

「別擔心，我是來幫你的，我打算破例手動幫你安排一段感情，記住，這一段戀情，你必須好好把握，開始了就不能隨便分手，不然，你這一輩子就注定單身了。」

「感謝丘老闆！我會好好珍惜的，難得有人愛呢！」

於是，丘老闆拿出他的粉紅色平板，開始忙著手動幫他安排愛情。

「丘老闆，你幹嘛皺眉？有什麼問題嗎？」

「嗯，我在編排你的生命感情線時，系統說讓你脫單必須有個條件……」

「什麼條件？我都可以啊，短命十年也可以！」

「不必短命，只不過，被你拍過婚紗照的夫妻，全部都會離婚收場。」

「什麼？」

「對，你的單身額度太高，世間講究平衡，必須有人分手才能成全你。」

「但爲什麼是我的客戶呢？」

「這是一種考驗吧。」

就在這時，換好衣服準備離去的準新娘走過來對他說：「謝謝你幫我們拍的照片，一定很美，對嗎？」

「嗯……當然……」

準新人走後，他問愛神，包括這一對嗎？

愛神無奈點頭，然後把平板交給他，告訴他只要按下「交易」按鈕，就會脫單成功。

他接過平板……

#故事未完請繼續

十九年後，某五星級飯店大廳有個攝影展。展出城內著名婚紗攝影大師的作品，還特別邀請那些被他拍過的夫妻，參加攝影展開幕活動。

「大師的作品好厲害啊！」

「對啊，而且五十五歲了還在拍呢。」

「我聽說大師單身，神奇的是，他的照片都能把幸福的感覺拍出來。」

「當然，你看那些嘉賓夫妻，都是他拍過的，每一對都還在一起呢。」

他，五十五歲，單身了五十五年。十九年前，他選擇拒絕交易，丘老闆給他一個擁抱就離開。那天起，他不再抱怨單身，反而把甜蜜的婚紗照拍得更好了。

這天的攝影展，也算圓了他的心願。

「這位女士，妳還好嗎？」

工作人員扶起一個跌倒的女人，正好也被他看見了，他上前幫忙。

「對不起，我迷路了，記性不好，呵呵，常常會忘東忘西。」女人說。

「沒事，妳是來看攝影展的嗎？」

「是的，這些照片都很漂亮，攝影師是……」

「就在你身後。」女人轉過頭，兩人對望……

「Charlene……好久……不見……」他很激動，非常激動。

「你是……你是……」

他才想起愛神說，大學女神Charlene出了車禍，失去記憶。所以幾十年前的事情，她又怎麼會記得呢？他頓感失望……

「你是古子升，我記得，我們大學……一起避雨……」竟然被認得，他開心得說不出話好一陣子，然後才對著這個女人，笑出了眼淚。

遙遠的愛神部門，丘老闆看著平板，喝了一口咖啡，鬆了一口氣，然後在一個開了四十多年的文件夾上，蓋了一個章。一個刻著「幸福完成」的章。

島主真心話：

幸福的路，從來都不好走，但，這就不走嗎？

真的不想走了，累了，你知道你會錯過什麼嗎？

想知道你會錯過什麼，就，再走一下下吧。

未必人人都要等十九年，也許，你只需等十九天呢？

加油，丘老闆愛你們。

多加兩個名字

「所以，妳要忘記這麼多人？」

「是的，醫生。」

「可是我的收費是算人頭的，收費不便宜啊……」

「我有的是錢，我要離開這裡，我不想記得我認識的所有人，我要從頭來過。」

二〇六〇年的失憶診所，這時代有一種不合法的手術，可以刪除你的一些記憶，比如說一個人，手術後，你將忘記和那個人有過的所有共同記憶。

這年輕女子，竟然要忘記五十七個人。

「我是沒進行過刪除那麼多人的記憶手術，但應該沒問題，我只擔心刪除後，妳的回憶裡空空如也……這樣好嗎？」

「我就是要這樣，拜託了醫生。」

「好吧，手術十五分鐘後開始，我給妳一個建議，這十五分鐘妳再好好想想，或者打電話給其中一個朋友，談一談。」

醫生說完就去準備手術的東西。

她靜靜的坐著思考醫生的建議，於是，她打電話給某人。

「你好嗎？」

「還不錯，眞的好久沒聽到妳的聲音，聽說妳結婚了，對嗎？」

「沒結成，對方和前任復合，跟我解除婚約。」

那是上個月發生的事，也是讓她想離開這裡的主要原因。

「抱歉，我不知道……那妳的花店生意呢？」

「沒了，交給合夥人……是我大意，花店現在不屬於我了。」

這是兩個星期前發生的事，更加讓她想走的另外一個原因。

「唉唷，抱歉，感覺我問什麼都是傷心事，不如我說些開心的事吧……」

「你說。」

「妳記得我們在一起時領養的非洲小孩嗎？他念大學了，常常寫信給我，最近還交了女朋友，上一封信有問起妳……」

他是她交往六年的前任，她嫌棄他只是個學歷不高的裝修工人，分手時他很難過，但並沒爲難她，只是祝福她。她離開家鄉到城市打拚後，就不再和家鄉的人聯繫，她就是這樣的人，如果當時她知道這種刪除記憶手術，她應該也會進行。

「我記得，我們還說過要一起去非洲探望他。」

「嗯，我感覺妳不開心，不如，停下腳步，出國散散心，好嗎？」

「你……會陪我嗎？」

「我……有點難。」

「沒什麼，我說說而已，我要去忙了，謝謝你。」

她掛了電話，嘆息。

「醫生，我要多加兩個名字。」

一個是他，一個是非洲人。

#故事未完請繼續

「手術進行時，手機必須關上。」

「不好意思。」

手術開始前，她收到一則圖片訊息，還有幾行字。

「妳看到了，我半年前工作時出了意外，醫生說下輩子都必須在輪椅上度過，所以去非洲的事，我眞的不方便陪妳，帶著我會很掃興。」

照片是他坐在輪椅上但依舊笑得樂觀，這就是他的性格，也是當初她喜歡他的原因。

「妳在城市生活也不容易，發生的事情終究發生了，好的事情壞的事情都是養分，這些養分將會種出生命豐富的果實。」

她的淚水開始不受控制……

「面對問題，就解決了一半的問題，這是當初妳鼓勵我們領養的非洲孩子的話，他一直記得，我等下把他現在的地址傳給妳，保重。」

她再看一次那張照片，哭了。

「小姐，妳是不是又要加名字？」

半年後，在非洲國際機場的出境處，一個青年和他的女朋友拿著牌子準備接機，一臉期待。

他手上的牌子寫著兩個名字：

一個是她，另一個是他。

已愛不回

「找妳。」

「什麼事？！」

「換錢。」

「哼！」

兩人是分開了五年的前任，和平分手時有個協議，就是可以不聯絡，不做回朋友，甚至可以背後數落對方，但還是必須幫對方做一件兩人還是情侶時做的事情。

在銀行上班的她，答應他每逢農曆新年必須幫他換新鈔，這樣他就不需要跑銀行。在唱片公司上班的他，答應她如果國外當紅天團「超級宇宙」來開演唱會，必須幫她拿到免費的VIP門票。結果，她幫他換了五年的新鈔，然而「超級宇宙」過去五年都沒開演唱會，她虧大了！

「哇，怎麼換那麼多？」

「我幫親戚、朋友、兄弟們換的。」

「過分，當時以爲只幫你父母換而已！」

「怎樣，換還是不換？」

「轉帳給我，今晚來找我拿新鈔！」

掛了電話，想到今晚可以見到他，心情複雜。分手的理由已經忘了，過去五年一個人過得雖然很不錯，但還是會寂寞。

晚上，他來了。

「謝啦。」他把錢放進背包裡。

「就這樣？」她以爲，他會約她吃個飯之類的。

「對了……還有……」

「什麼？」

「紅包袋呢？沒有嗎？」

「沒有！」

說完，她送客關門。二十分鐘後，他打電話來。

「又有什麼事？」

「快到妳家樓下……救我……」原來他被歹徒盯上，就在他準備上車離開前，歹徒揮刀砍了他一下，他奮力抓緊裡頭都是錢的背包，和歹徒拉扯中又被砍了幾刀，幸好剛好有人經過，歹徒才逃跑。

她來到樓下，看見血淋淋的他，又害怕又心痛。

「你幹嘛和他們鬥啊？錢財身外物，生命比較重要啊。」載他去醫院的路上，她忍著淚開罵。

「妳換給我的錢……不可以……被別人搶去……」

「神經病，不就換錢而已！」

結果，雖然沒傷及要害，但整個農曆新年，他都在醫院養傷度過。其實她也是，幾乎每天都來探望他、照顧他。

「你們復合了嗎？太好了。」他的家人朋友在病房看見她時都會說這句話。

出院時，她陪他回家。

「我們為什麼分手，妳還記得嗎？」吃完藥，躺下休息時，他突然問。

「忘記了，不重要了。」

「那個和平協議，是我提出的，所以我記得。」

「是的，因爲我在銀行上班很方便。」
「不是這樣的……」
「那是怎樣？」
「我只是不想和妳完全斷了聯繫……至少一年一次不必想藉口找你，也不錯。」
（其實不必那麼辛苦，平時也可以找我的。）
這句話她沒說，但聽到他這樣說，心裡甜甜的。這次意外後，兩人做回朋友，她很開心，然後漸漸發現，其實她還是很喜歡他。
這一晚，兩人約在餐廳，氣氛很不錯，也是當年他告白的地方，所以這晚她穿得特別漂亮。
「東西好吃嗎？」
「嗯。」
（她OS：還不快開口）
「我有話要跟妳說。」
「喔……」
（來了來了！）

「公司派我去北京工作三年，下星期就飛了。」

晴天霹靂，她非常失望，也非常捨不得。

「好啊，那以後不必幫你換錢了，哈哈，我可以辭職了，你知道我有多討厭在銀行上班嗎？忙死了，每天幫人家數錢，哈哈。」

她語無倫次模式啓動。他望著她，什麼也沒說。

一個禮拜後他飛了，而她還是一樣在銀行上班，一樣一個人過日子，一樣的寂寞。夜晚，一個人在家喝了半瓶紅酒，聽著「超級宇宙」的抒情歌，莫名其妙的哭了。然後突然想起當年分手的原因，於是，她發了一個訊息給他。

「對不起，當初我和同事A的確有曖昧，是我不對，不承認還怪你沒時間陪我。」

同事A是有婦之夫，搞砸他們的關係後沒多久，就辭職了。

他，已讀不回。

她，已愛不回……這個男人。

#故事未完請繼續

「找妳。」幾天後，他終於回她訊息。

「什麼事……？」

「換錢。」

「蛤？」

「呵呵，我是說，去換人民幣。」

「換什麼人民幣啦！」

「換人民幣，然後來北京找我。」

「找你幹嘛……？」嘴巴這麼說，其實心裡甜甜的。

「妳喜歡的天團『超級宇宙』要在這裡辦演唱會，是我負責的event，我有VVIP的票，妳要不要？」

「要！要！」

「可以的話，辭職了再來。」

「什麼意思？」

「來了，就別走了，好嗎？」這是她聽過最浪漫，也最真誠的告白。

兩個有緣人，又走在一起了。

「哇，怎麼要那麼多VVIP門票？」

「我幫親戚、朋友、閨蜜們要的。」

「過分，當時以爲只幫妳要而已喔！」

「怎樣，給還是不給？」

愛是展示品

「這款電視，我個人是不推薦啦。」

「爲什麼？網上都說這型號不錯，性價比高。」

「你相信我，我同事之前賣了兩台都出問題，客戶很生氣的回來換另外一款，我不希望你成爲第三個。」

「眞的啊？那我就不考慮這款了，小姐，妳再幫我介紹其他款。」

「沒問題，但你別告訴我的經理喔。」

其實，那款電視根本沒問題還很暢銷，她不想賣的原因是，這款在店裡只剩下最後這台展示品。這家電器行的員工優惠是，超過三個月沒人買的展示品可以半價購買，還剩一星期就滿三個月，而她早就想買這台符合預算、性價比高的液晶55吋電視。

最重要的是，她要送給正在讀大學最後一年的男友當作生日禮物。現在兩人合租的房子，刻薄房東提供的那台電視又小、畫質又低，雖然男友從不抱怨，但這台送給他當禮物，肯定開心死了。

「小嬋，剛才不是有個客戶問那台電視嗎？怎麼啦？」

「經理，是客戶的預算問題啊。」

「預算？妳有告訴客戶那款只剩下展示品，有折扣嗎？」

「有，客戶還是不要。」

「眞的嗎？我記得妳早預訂了這台電視，不會是在打什麼壞主意吧？」

「我沒有，我是有可能會買，但這三個月我也努力推銷啊。」

經理平時就很刻薄，這家電器行的薪水也沒有很高，要不是爲了男友的生日禮物，她早就想辭職了。

這天，經理親自接待的客戶也看上那台展示品。

「怎樣？如果你喜歡，我再給你額外5%折扣。」

「讓我考慮考慮……」

眼看經理就要成功賣出她男友的生日禮物，她心急如焚，因爲只要過了明天，她就可以把電視買下來了。

「好吧，我就買這台。」

「你不會後悔的，來，小嬋，妳來處理這筆訂單。」經理給了她一個很討厭的表情，好像在說：「對不起喔，妳的電視我賣掉了。」

她心如止水，但還是友善的服務客戶。

「啊，先生，請問你有其他信用卡嗎？這張刷不過。」

「眞的嗎？那妳再試這張。」

「好的……咦，也一樣刷不過呢？可能是系統的問題，請問先生有現金嗎？」

「怎麼可能會有那麼大筆現金在手上，我去提款，晚點再回來，請幫我保留那台電視喔。」

從客戶離去那一刻開始，她就一直禱告，希望客戶突然改變主意，客戶回家的路上經過別家電器行，然後給他更好的優惠……

倒數五、四、三、二、一，終於到了晚上十點，電器行打烊，客戶一去不回頭，成功保住電視，她總算鬆了一口氣。

回到家，男友正在客廳玩PS。

「怎樣，今天上班累不累啊？我幫妳煮了晚餐。」男友放下遊戲，慰問她。

「今天……挺累的……」

「那就好好休息，別追劇了，我也要睡了，明天上早課。」
「你在玩新遊戲嗎？這電視挺小的，玩遊戲一定很辛苦吧。」
「還好，習慣了，沒事。」
她多想告訴男友，明晚就會有大電視了。
但是，該發生的還是發生了，隔天，她的鬧鐘不知爲何沒響，睡過頭的她晚了二十五分鐘上班，發現架子上的那台電視已經消失。
「什麼？今早客戶買走了？」
「對啊，剛離開而已。」把電視賣掉的蜜雪負責廚房用品部門，但偶爾會過來替她代班。
「我不是已經預定了？我不是已經告訴你們，我要那台電視了嗎？」
「但是，電視還在架子上，有人想買，我必須賣啊……」
她氣得想哭，偷偷檢查銀行存款，確認自己的預算，還眞的只夠買那台而已，其他的都買不起。下班後，她無精打采回到家，心裡只有無限的失望，雖然她並沒告訴男友將會買新電視。
「啊……這台電視？」打開門，看見客廳的新電視，就是那台展示品！

「意外嗎？驚喜嗎？這是我送妳的交往一週年禮物，希望妳不要介意這台是展示品，但還有四年保固期呢。」

原來，男友最近都有秘密打工賺錢，爲了買這份紀念禮物給她，讓她擁有一台更好更大的電視，好好享受追劇時光。

「謝謝你……我愛你。」她很感動，兩人都付出眞心的愛情，特別珍貴。

「等等，我的鬧鐘……是你動的手腳？」

「哈哈，這台電視就妳公司賣得最便宜，所以……我必須比妳早到……」

「我不管，害我遲到被扣薪水，你要賠我。」

「我買了這個禮物後，已經沒錢了……」

「不要你的錢，你可以用永恆的愛來補償我啊……」

「永遠愛妳就是了。」

兩人在新電視前，擁抱，接吻……那一晚，新電視，沒人用喔。

#故事未完請繼續

十七年後，在某電器行的女店員正在爲一個少婦介紹電視。少婦望著服務周到的女店員，想到自己一些往事。

那年，那台展示品的保固期還剩四年，但他和她的戀情熬不過這個保固期，大學畢業後的他，在第一份工作時和女同事走在一起了。分手時，誰也沒拿走電視，而是送給房東，也算是便宜了下一任租戶。

「好了，小姐，就這台，幫我送到這個地址。」她邊說邊給女店員信用卡和地址，女店員看了一眼就瞪大眼睛，這是高級住宅區。

「其實這台電視是展示品，妳介意嗎？我會給妳額外5%折扣。」

「不介意，就這台。」

「展示品的保固期只剩兩年，請問妳要買延長保固嗎？」

「不了，兩年，夠了。」

那年，那段兩個人都付出眞心的愛情，如果可以加保的話，該有多好。

「媽，爸爸問妳好了沒？他還要去公司開會呢。」

她的小孩，十歲了。

「好了，我們走吧。」

「耶，我們有大電視可以看了。」

她摸摸孩子的頭，一踏出電器行那一秒，她就把往事收起來，永遠不再想了。

「你可以用永恆的愛來補償我啊……」

「永遠愛你就是了。」

復合5.0

「這是我們第幾次復合？」

「第三……不，應該是第四次。」

「爲什麼我們會走得如此狼狽？」

「我也在想這個問題，有沒有想過，分不開，其實就是眞愛。」

「哈，復合2.0的時候，我是這樣想的，結果呢？」

「結果我們還是回到這個熟悉的分手公園，談第五次分手。」

他和她認識很久，分分合合的在一起八年。

每一次分手，他們都約在這個人不多的小公園，在這裡把話說清楚，這個公園就在兩人住處的中間點，距離各自的家只需要十五分鐘的步行距離。

「你知道嗎？剛才在來的路上經過烤玉米攤，是你的最愛，我差點就買給你了，但想想，我爲什麼要買給一個即將和我分手的男人啊，我白癡嗎？」

「喂，不准妳這樣說自己，哈。」

他們太熟了，還沒在一起前就是好幾年的朋友，正式交往時，朋友們都說他們早該成爲情侶了。分手時，同樣的一群朋友又說，他們遲早會分開。因爲感覺兩人沒什麼火花，沒有親密合照，沒有浪漫的事，就是一起生活，一起努力工作，一起照顧好自己。他們好像都不認識愛情，所以，愛情和他們不熟，幸福也沒有他們的事情了。

至於爲什麼會復合那麼多次，可能因爲住得近，她家燈泡壞了就叫他來修，他出國工作需要人看房子就找她幫忙。然後請對方吃飯，吃了以後，愛又回溫。

這些都是過去式，這一次，回溫不了了。

因爲他已經喜歡上公司女同事，女同事等著他和她分手，才答應和他開始。所以這一次的分手，是唯一一次有第三者介入的。但他沒告訴她眞相，他希望這一次分手和之前那幾次一樣，可以和平分手。

所以，剛才他說那句「分不開，其實就是眞愛」時是心虛的。但現在的他也不好受，因爲她看見烤玉米還是會想到他。

「這一次，我們別再復合了，做得到嗎？」她突然認眞的說。

「好，我盡量。」

「一言為定，難說我明天就遇到更好的男人，好到可以閃電結婚那種。」
「哈哈，我先祝妳幸福。」
一陣沉默，天空下起毛毛雨，雨花落在身上，像在溫柔的清洗著他們的過去。
「慶祝分手成功，我們吃個飯吧。」她邊說邊指著公園對面的速食店。
「不了，我吃飽了。」
「你該不會是還在減肥吧。」
「啊，不是……」其實他來之前，已經和那個曖昧的女同事吃了。
「沒關係，你胃痛不關我的事了，再見。」
「再見。」
看著她離去的背影，他突然一陣心痛，可是他提醒自己，別做渣男會做的事（雖然現在的他也沒很好），不能拖泥帶水，要果斷結束，對彼此都好。
他深呼吸後，眼角竟然有淚，擦掉這滴不知名的眼淚，他打電話給女同事，對方沒接，他再打也沒接。剛到家，也就是十五分鐘後，女同事才回電。
「想不到妳星期天也這麼忙，不在家嗎？沒關係，我和她分手了，別誤會也別有壓力，我只是覺得應該告訴妳……」

「對不起……」

「對不起什麼？」

原來，女同事和他一樣有個分手中的另一半，只不過，他坦白，而女同事隱瞞，她同樣也約了男朋友談分手，結果失敗了。反而，還因此找到兩人最初心動的感覺，決定復合。

「對不起，我選擇了他，不是你不好；也對不起，讓你和她分手了。」

女同事一直道歉，語氣誠懇，但又怎樣？

「這是你們第幾次復合？」

「蛤？」

「無所謂了，祝妳幸福。」

他今天祝別人幸福兩次，這機率應該很低。

門鈴響起，響了好一陣子，他才從恍惚中回神去開門。

是她，手裡拿著烤玉米。

「別誤會，當我是個外送員，幫你送烤玉米，你別減肥了。」

這一刻，他的靈魂已經離開身體，擁抱著眼前這個最熟悉的外送員。

「怎麼啦？感動到哭？哈，你才不會哭，我走了，記得給五星好評。」

「再見，謝謝妳。」

當她出現的那一刻，他知道她對他還有感覺，復合5.0在即。

但他卻沒有做任何挽留的動作。

「不可以，對她不公平。」他這樣想著。

他吃了一口烤玉米，拿起手機發了訊息給她。走在街上的她停下來讀：

「給妳十顆星。」她笑了，同時，流下失望的淚水……

這一刻，剛好走到他們的分手公園。

#故事未完請繼續

多年後的分手公園，一男一女抱在一起。

男生：「太好了，謝謝妳答應和我在一起。」

女生：「你笨蛋啊，謝我幹嘛……以後對我好，別讓我後悔今天的決定就可以了……」

男生：「嗯嗯，沒問題，我太開心了。」

女生：「好啦，鬆手啦，這裡還有其他人啦……」

女生口中的其他人，是正在吃烤玉米的他。

他給了這對剛出爐的情侶一個微笑，像在說「祝福你們」。

他和她的分手公園，也可以是其他人的告白公園。

這時候，她來了。

「抱歉，遲了，啊，你已經買了烤玉米？」

「餓了，我先買了。」

「那我買的烤玉米怎麼辦？」她舉起手上的烤玉米。

「給我，我晚上吃。」

「拿去，還有，這個也拿去。」左手給他烤玉米，右手給他結婚喜帖。

她要結婚了，正如當天說的，她找到了新的幸福，雖然不算閃電結婚，但當他知道她和別人在一起時，還眞的彷彿有道閃電擊中他的心臟。

「你呢？還是一個人啊？」

「一個人加一個烤玉米，再加一個烤玉米。」

「哈哈……」

「祝妳幸福。」他又說了同樣的話。

「你也一樣。」

「預祝妳新婚愉快，有時間吃個飯嗎？」他問了那天她問的同樣問題。

她搖頭，他明白。

一陣沉默，天空下起和當天一樣的毛毛雨，雨花落在身上，像在溫柔的清洗著他們的過去。

復合5.0，永遠沒有發生。

她的幸福1.0，才剛要開始。

他的後悔1.0、2.0、3.0……不斷更新中。

Eurasian Publishing Group
圓神出版事業機構
用心與你對話・網野無限寬廣
圓神出版社
Eurasian Press

www.booklife.com.tw　reader@mail.eurasian.com.tw

TOMATO 080

有生之年，只想好好談場戀愛

作　　者／孤島 Joe
發 行 人／簡志忠
出 版 者／圓神出版社有限公司
地　　址／臺北市南京東路四段 50 號 6 樓之 1
電　　話／（02）2579-6600・2579-8800・2570-3939
傳　　真／（02）2579-0338・2577-3220・2570-3636
副 社 長／陳秋月
主　　編／賴真真
專案企畫／沈蕙婷
責任編輯／沈蕙婷
校　　對／沈蕙婷・吳靜怡
美術編輯／金益健
行銷企畫／陳禹伶・朱智琳
印務統籌／劉鳳剛・高榮祥
監　　印／高榮祥
排　　版／杜易蓉
經 銷 商／叩應股份有限公司
郵撥帳號／ 18707239
法律顧問／圓神出版事業機構法律顧問　蕭雄淋律師
印　　刷／國碩印前科技股份有限公司
2024 年 3 月　初版

定價 390 元　ISBN 978-986-133-918-4

所有感情問題一律建議牽手，牽手來到這座孤島，看看別人怎麼走，有沒有比你更狼狽，有沒有找到一絲絲安慰。對了，如果你帶太多紙巾入島，而離島時還沒用完，可以到櫃檯兌換幸福點數喔。

——《有生之年，只想好好談場戀愛》

國家圖書館出版品預行編目資料

有生之年，只想好好談場戀愛 / 孤島Joe 著. -- 初版.
-- 臺北市：圓神出版社有限公司，2024.3
240面；14.8×20.8公分（TOMATO；80）

ISBN 978-986-133-918-4（平裝）

1.CST：戀愛　2.CST：自我實現

544.37　　11300062